器械体操

全民健身项目指导用书

黄晓光　许春利◎主编

吉林出版集团股份有限公司　全国百佳图书出版单位

图书在版编目（CIP）数据

器械体操 / 黄晓光，许春利主编. —— 2版. —— 长春
：吉林出版集团股份有限公司，2010.2（2024.8 重印）
　全民健身项目指导用书
　ISBN 978-7-5463-2370-1

　Ⅰ.①器… Ⅱ.①黄… ②许… Ⅲ.①轻器械体操–
基本知识 Ⅳ.①G834.2

　中国版本图书馆 CIP 数据核字(2010)第 028368 号

全民健身项目指导用书

器械体操

QIXIE TICAO

主　　编	黄晓光　许春利
责任编辑	黄群 杜琳
封面设计	吕宜昌
开　　本	650mm×960mm　1/16
印　　张	7.5
字　　数	60 千
版　　次	2010 年 2 月第 2 版
印　　次	2024 年 8 月第 4 次印刷
出版发行	吉林出版集团股份有限公司
地　　址	吉林省长春市福祉大路 5788 号
邮　　编	130000
电　　话	0431-81629968
电子邮箱	11915286@qq.com
印　　刷	三河市金兆印刷装订有限公司
书　　号	ISBN 978-7-5463-2370-1　　定　价　39.80 元

序言

自 1995 年我国政府推出《全民健身计划纲要》以来，我国群众性体育活动蓬勃发展，取得了显著的成绩。2008 年，举世瞩目的北京奥运会的成功举办，极大地激发了亿万人民群众的体育热情，增强了全社会的体育意识，营造了浓厚的全民健身氛围。面对这样的可喜局面，群众体育科研、教学工作者应义不容辞地为社会实践服务，从不同角度思考，如何使普通百姓通过简而易行的身体锻炼方式、方法和手段达到良好的健身效果，达到拥有健康的目标，从而享受生活、享受快乐人生。该书系就是在这样的思想指导下诞生的。

本书系能够顺应国家体育的大政方针，掌握时代脉搏，对指导大众健身，使大众掌握健身方法和手段有很好的促进作用。

本书系图文并茂，实用性强，分为球类运动、体操健身运动、传统武术、冰雪运动、水上运动、体育舞蹈、休闲运动、格斗运动、民间体育活动和极限运动等十大类项目，计 100 分册，按照统一的体例，力争有所创新。每册的具体内容为该项目的起源与发展、运动保健、基本技术、运动技巧、比赛规则等，使读者在学习过程中，不仅能够学会运动健身的方法，同时还能够学到保健方面的基本知识。

经国务院批准，自 2009 年起，将每年的 8 月 8 日定为"全民健身日"。《全民健身项目指导用书》的出版，必将为开展全民健身活动起到积极的推动和指导作用。

目录 CONTENTS

目录 CONTENTS

第四章 基本规则

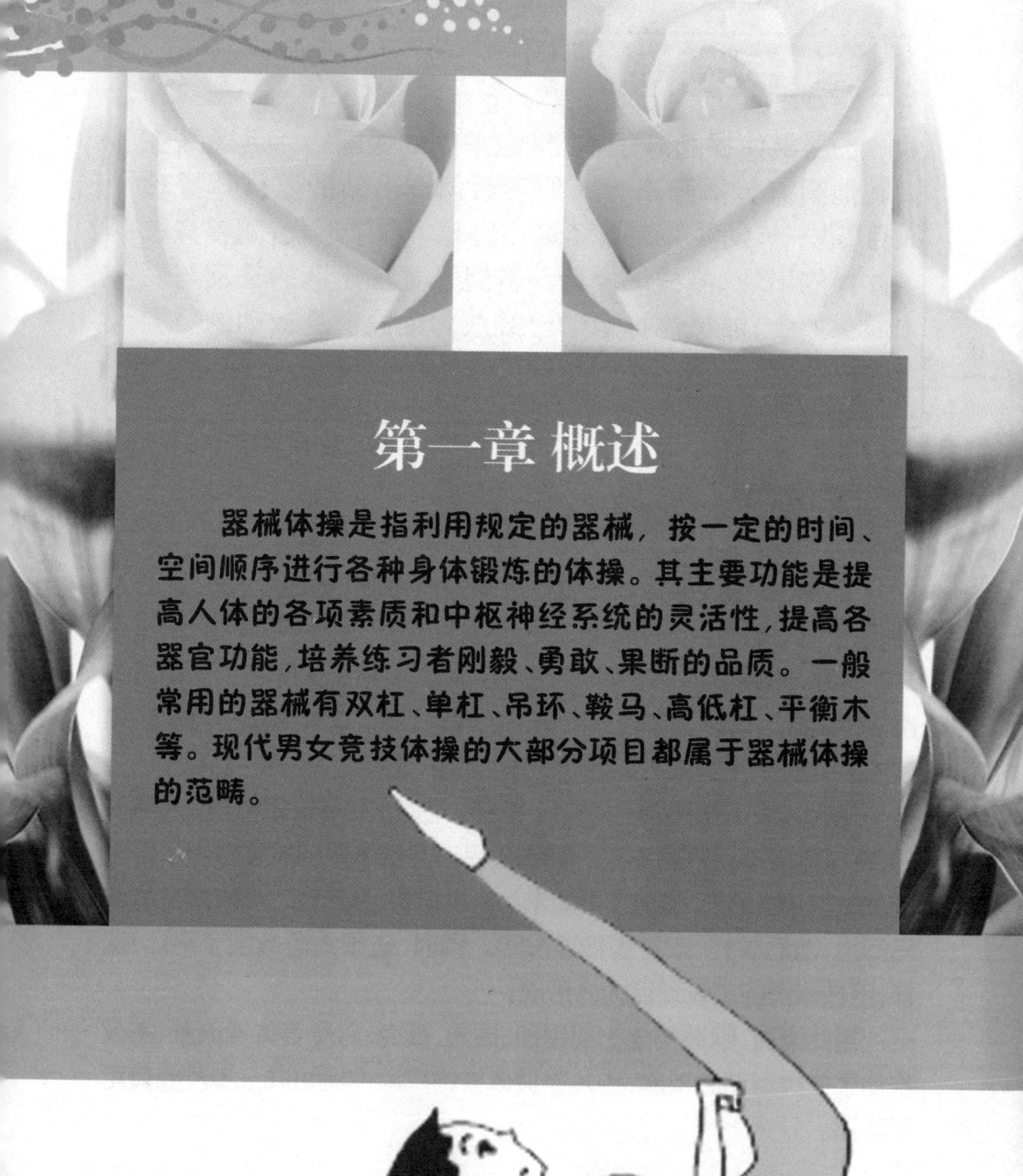

第一章 概述

器械体操是指利用规定的器械，按一定的时间、空间顺序进行各种身体锻炼的体操。其主要功能是提高人体的各项素质和中枢神经系统的灵活性，提高各器官功能，培养练习者刚毅、勇敢、果断的品质。一般常用的器械有双杠、单杠、吊环、鞍马、高低杠、平衡木等。现代男女竞技体操的大部分项目都属于器械体操的范畴。

第一节
起源与发展

　　器械体操起源于 18 世纪末期的德国，之后逐渐在其他国家传播开来。人们不断创造出新的器械体操项目，进一步发展并完善了这项运动。到了近代，随着竞技体操的出现，器械体操运动得到了更加迅速的普及与发展。如今，器械体操运动已经成为全民健身运动的重要组成部分。

　　"体操"（Gymnastics）一词，最早由古希腊语演变而来，其意为"裸体技艺"，因为当时的希腊人是赤身裸体进行操练的。不过，希腊人并不是唯一的早期体操追随者，希腊、中国、波斯和印度四个文明古国都曾将体操运动作为年轻人参军前的准备训练，这种做法一直断断续续地延续到 19 世纪。

　　现代体操运动起源于 18、19 世纪。古希腊的体操运动传入德国后，器械体操项目开始形成。德国人民对器械体操的发展做出了巨大的贡献。18 世纪末，出现了平衡木。19 世纪初，从古代木马发展来的鞍马问世，随后单杠、双杠也接连发明。同时，法国人还始创了吊环，这样，器械体操的主要项目大体形成。

　　与此同时，欧洲相继出现德国、瑞典、捷克、丹麦等体操流派，不仅推动了体操运动的发展，也为器械体操的广泛传播和进一步发展奠定了基础。

　　随着竞技体操的出现，器械体操运动得到了迅速的发展。同时，世

界性体操机构的设立以及各项赛事的举办,进一步推动了器械体操运动的传播与普及。

 **传播**

1881 年,欧洲体操联合会成立。

1896 年,在欧洲体操联合会的基础上成立了国际体操联合会。

1896 年,在希腊雅典举办的第 1 届奥运会上,体操被列为竞技项目之一,设有单杠、双杠、吊环、鞍马和爬绳等男子项目。

1936 年,在柏林第 11 届奥运会上,体操比赛正式确定了目前的男子 6 项比赛。同时,这届奥运会还开设了女子项目,但女子项目的完善与定型直到 1960 年的罗马奥运会才完成。

 **机构与赛事**

 机构

国际体操联合会(FIG),简称国际体联,于 1881 年 7 月在比利时成立,当时的名称是欧洲体操联合会(FEG),1921 年 4 月 7 日更为现名,现有协会会员 125 个。

中国体操协会于 1978 年 10 月加入国际体操联合会。

赛事

(1)奥运会体操赛,每 4 年 1 届;

(2)世界体操锦标赛,每 2 年 1 届;

(3)体操世界杯赛,每年 1 届。

发展趋势

国内趋势

正式的器械体操运动项目于 20 世纪初传入我国,如单杠、双杠等。中华人民共和国成立后,我国的体操运动有了较快的发展。

为更广泛地开展群众性体育活动,增强人民体质,推动我国社会

主义现代化建设事业的发展,1995 年 6 月,国务院提出了《全民健身计划纲要》,号召全社会广泛开展全民健身运动。目前,全民健身运动在全国范围内蓬勃发展,具有中国特色的全民健身体系的框架已经初步形成。全民健身运动的开展,有利于提高人们的生活质量,丰富人们的业余文化生活,促进社会进步;有利于加强社会主义精神文明和物质文明建设,提高我国的综合国力,振奋民族精神。

器械体操运动比较难,对参与者的力量、胆量、灵活性,以及艺术表现力都有一定的要求。但中国人的身材比较适合练体操,特别是青少年,骨骼的柔韧性较好,练习时能够较少出现运动损伤。如今,器械体操已成为我国全民健身项目的重要组成部分。

中国的体操名将不胜枚举,如著名的"体操王子"李宁,在十几年的体操运动生涯中,获得奖牌达 100 多块。在 2008 年中国第 29 届奥林匹克运动会的开幕式上,李宁作为最后一棒火炬手点燃了奥运圣火。在这届奥运会上,中国体操队更是获得 9 金 1 银 4 铜的佳绩,创造了历史最好成绩。

国外趋势

目前,体操运动在世界范围内蓬勃发展。日本、俄罗斯等传统体操强国仍占有强势地位;美国体操队在重新崛起后也迈进了世界体操超级大国的行列。如今,体操运动已成为人们普遍喜好的运动项目之一,欣赏竞技体操也成为一种美的享受。

第二节

场地、器材和装备

高质量的场地是运动顺利开展的前提,而良好的器材和装备则是练习者发挥较高技术水平的必要保证。

概述

场地 ◆◆◆◆◆◆◆◆

器械体操运动危险性较大,对场地的要求较高,应该在体操房的正规场地中进行,以保证练习者动作的舒展,避免运动损伤的发生。

设施

正规体操比赛要在体育馆或体操馆内进行,需搭高 1.0～1.2 米的分项比赛台,体操器材安放在各自的比赛台上,选手在台上进行比赛。

要求

场地上要铺设垫子,厚度在 18～22 厘米之间,用于动作结束时的缓冲,以免因压力而使脚底或腰部受伤。

器材 ◆◆◆◆◆◆◆◆

器械体操的器材包括双杠、单杠、吊环、鞍马、高低杠和平衡木等,这些器材都有一定的规格和要求。

双杠

❀ **规格** 见图 1-2-1

(1)双杠由四根立柱分别架设两根平行横杠构成,下设底座;

(2)横杠长 3.5 米,横切面长径 5 厘米,短径 4 厘米,最大提升高度为 1.8 米;

(3)两立柱间短距为 48～52 厘米,长距为 2.3 米,两横杠内侧最窄处为 42 厘米。

❀ **材质**

(1)横杠用木料或玻璃钢制作,内插直径 1.0～1.2 厘米的弹性钢条;

（2）立柱为钢制，可以升降和调节杠宽；

（3）底座为钢制，牢实稳固，与立柱相接。

图1-2-1

 **单杠**

规格　见图1-2-2

（1）单杠由横杠、立柱和拉链构成；

（2）横杠长 2.4 米，横切面直径 2.8 厘米，杠面距地面最大高度为 2.75 米；

（3）两立柱间距 2.4 米。

材质

（1）横杠用高炭钢、弹簧钢或镍铬钢制成；

（2）立柱为钢制，可以升降，用拉链挂在地板钩上。

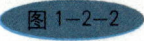

图 1-2-2

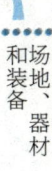

 吊环

规格 见图 1-2-3

(1)吊环由吊环架、拉链、钢索和环构成;

(2)吊环架高 5.5 米,两立柱间距为 2.6 米,立柱上端变曲处间距为 2 米;

(3)环呈圆形,环内沿直径 18 厘米,横切面直径 2.8 厘米,两环间距 0.5 米,环距地面 2.55 米。

要求

吊环要安装在体操馆内,用拉链挂在铁桩子的钩上。吊环架要坚固,两环表面要光滑,不得有裂缝。

图 1-2-3

鞍马

 **规格** 见图 1-2-4

（1）鞍马由马身、马腿和鞍环构成；

（2）马身光滑，长 1.6 米，宽 35～36 厘米；

（3）马腿可以升降，鞍环最高点至地面 1.22 米，环顶距马背 12 厘米，两环间距 41～44 厘米，环横切面直径 3.5 厘米，环上有 8 厘米的平直部分。

要求

两鞍环应安装方便，并能调整宽度。

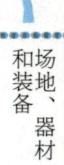

图1-2-4

 高低杠

规格 见图1-2-5

（1）高低杠由一高一低两根杠构成；

（2）横杠长2.4米，低杠高1.3～1.6米，高杠高1.9～2.4米；

（3）横杠是椭圆形的，长径5厘米，短径4厘米，两杠内沿间距为0.9～1.4米，可以根据选手需要和习惯进行调整。

材质

（1）横杠用玻璃钢加木质杠面制成，具有良好的弹性和坚固性，主体部分是空芯的，在杠轴心处安装有尼龙保护绳，拴锁在杠端的钢管上；

（2）立柱为钢制，用8条尼龙拉链挂在地板钩上，链上装有调整松紧的装置，两立柱间装有能调整两横杠间距的调整器。

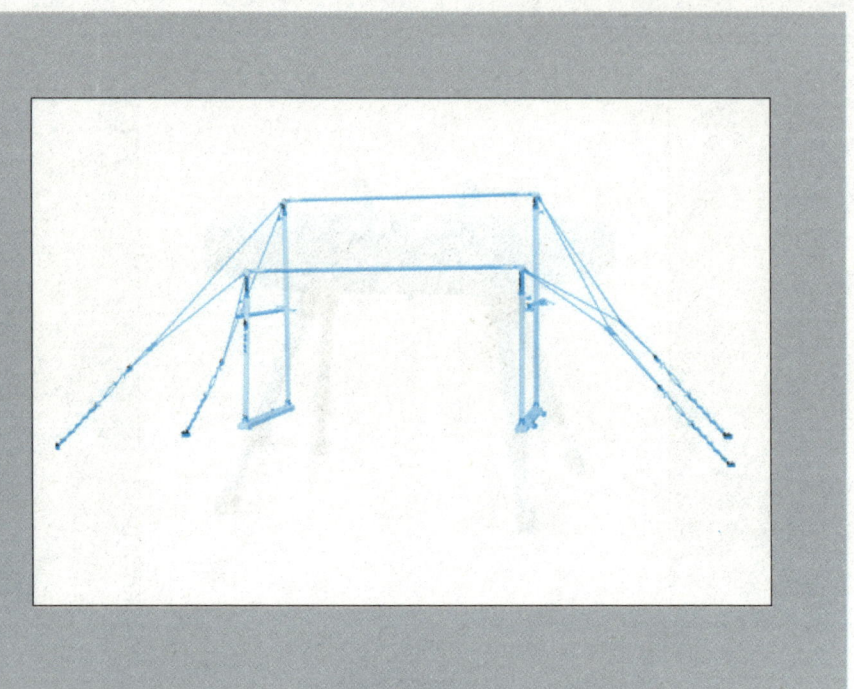

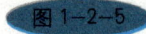

图 1-2-5

 平衡木

规格　见图 1-2-6

　　(1)平衡木由横木和支架构成；

　　(2)平衡木长 5 米，高 1.2 米，宽 10 厘米，厚 16 厘米。

要求

　　平衡木要坚固不摇晃，面平木直，升降方便。木面上覆盖一层 0.2～0.3 厘米厚的毯子，毯子要有弹性、不光滑。

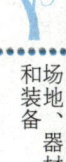

图 1—2—6

在进行器械体操运动时要穿专门的体操服和体操鞋或体操裤,这样既有利于增强动作的表现力与美感,又可避免不必要的运动损伤。

服装

 **款式** 见图 1—2—7

(1)男子体操服上身为背心,下端与三角裤连为一体,下身为白色长裤,上端有橡筋背带,下端有橡筋带;

(2)女子体操服类似泳装,为长袖;

(3)团体比赛时,全队着装要统一。

❋ 材质

体操服一般用棉毛、羊毛或尼龙布制成。

❋ 要求

（1）在鞍马、吊环、双杠和单杠比赛中，所有参赛者必须穿长裤；

（2）女子选手不得穿过小、过露和透明的体操服，不得佩戴珠宝首饰。

图1-2-7

 **鞋** 见图1-2-8

在鞍马、吊环、双杠和单杠比赛中，参赛选手必须穿体操鞋（或袜子）。在平衡木比赛中可以赤脚。体操专用鞋鞋底薄，面小，没有鞋带。

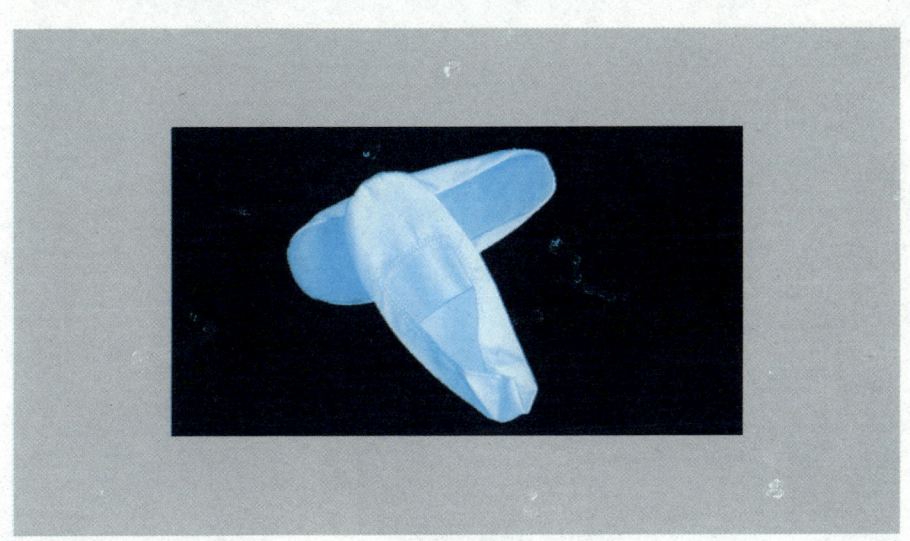

图 1-2-8

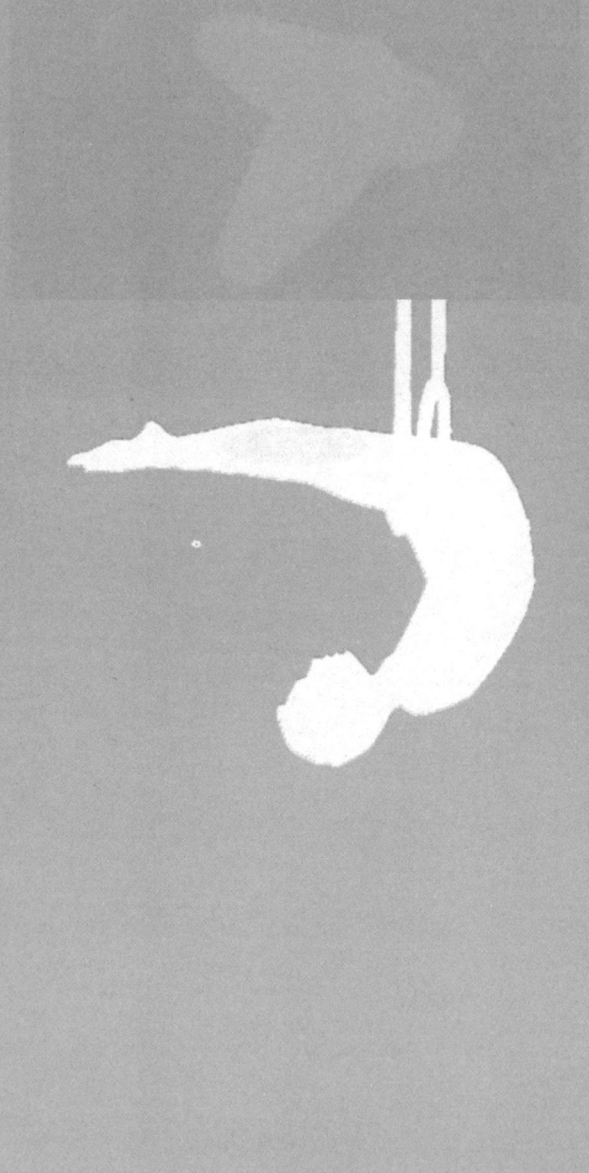

第二章 运动保健

　　体育运动对增强体质、预防疾病和促进健康具有良好的作用。但是，并非所有人从事相同的运动都会达到同样的效果。对于同一种运动负荷，不同人机体的反应差异是很大的，即使同一个体，在不同时期、不同机能状态下，对同一负荷的反应及效果也是不一样的。因此，对于不同个体，应制定适合其机能需要的运动强度、时间、频率和持续周期。从事体育锻炼一定要讲究科学性，使机体最大限度地获得运动价值，使某些疾病得到有效的防治。

第一节

自我身体评价

自我身体评价是指根据个体的不同情况以及简单的功能评定标准，对锻炼者进行身体评价，并以此为依据，确定具体的锻炼内容。

适宜人群

体适能是全身适应性的一部分，是人体精神和体力对现代生活的适应能力。为了促进健康，预防疾病，提高生活质量和工作学习效率，几乎所有人都可以追求健康体适能，而且经过简单的评价和测试，均可以成为目标人群，即适宜人群。

健康体适能评价标准

健康体适能是指身体有足够的活力和精力处理日常事务，而不会感到过度疲劳，并且还有足够的精力去享受休闲活动和应对突发事件。

健康体适能是确定锻炼者是否为运动适宜人群的主要依据。目前的评价标准主要包括国民体质测定标准、学生体质测定标准和普通人群体育锻炼标准等。

国民体质测定标准主要包括形态指标、机能指标和素质指标 3 个部分，各项指标的测定结果均为 1～5 分，共 5 个级别。凡各项指标达不到 4 分或 5 分者，均应被纳入健身人群。

学生体质测定标准分为优秀、良好、及格和不及格 4 个级别。优秀水平以下者，均应被纳入健身人群。

普通人群体育锻炼标准分为 5 个级别，凡达不到 4 分或 5 分者，均应被纳入健身人群。

简易运动功能评定

简易运动功能评定的目的在于确定锻炼者有无运动禁忌症或临时运动禁忌的情况，即是否适合参加体育锻炼，以达到防备万一、避免意外事故发生的目的。目前通行的方式为3分钟踏台阶测试。

 目的

测试锻炼者运动后心率恢复的情况，以评估其心肺功能。

器材 见图2-1-1

30厘米高的长凳、节拍器、秒表和时钟。

步骤 见表2-1-1

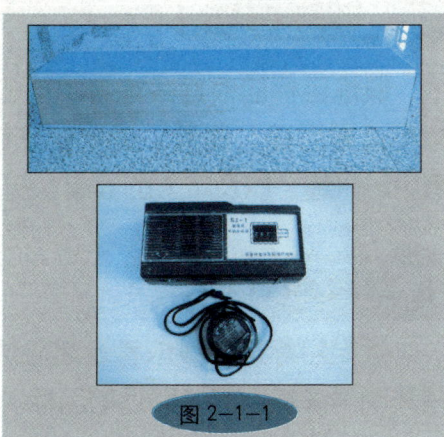

图2-1-1

（1）节拍器设定为每分钟96次，锻炼者依"上上下下"的节拍运动3分钟。

（2）锻炼者完成3分钟踏台阶后，5秒钟内开始测量其脉搏，时间为1分钟，记录其心率，并依据下表评价其功能水平。

（3）运动后心率越低，证明其心肺功能越好。在运动强度允许的范围内，锻炼者可选择运动强度的较高值来进行运动。

 表2-1-1　3分钟踏台阶测试评价表

	年龄（岁）	欠佳（次）	尚可（次）	一般（次）	良好（次）	优异（次）
男士	18~25	>115	105~114	98~104	89~97	<88
	26~35	>117	107~116	98~106	89~97	<88
	36~45	>119	112~118	103~111	95~102	<94
	46~55	>122	116~121	104~115	97~103	<96
	56~65	>119	112~118	102~111	98~101	<97
	65+	>120	114~119	103~113	96~102	<95
女士	18~25	>125	117~124	107~116	98~106	<97
	26~35	>128	119~127	111~118	98~110	<97
	36~45	>128	118~127	110~117	102~109	<101
	46~55	>127	121~126	114~120	103~113	<102
	56~65	>128	118~127	112~117	104~111	<103
	65+	>128	122~127	115~121	101~114	<100

自我身体评价

注意事项

如锻炼者经过努力仍无法达标，或出现头晕、胸闷、出冷汗等症状，应立即终止测试。运动中应特别考虑运动强度，以防止出现意外。

锻炼目标

锻炼目标应根据锻炼者不同的身体状况来确定，可分为近期目标和远期目标。此外，确定锻炼目标还应结合锻炼者的运动意向、愿望、兴趣，以及本人的健康状况、疾病程度等因素来进行。

近期目标

近期目标是指锻炼者近期应达到的目标。在进行运动之前，应首先明确锻炼目标，即近期目标。选择一两个健康体适能构成要素，作为未来两个月内努力完成的目标，而且应从成功概率较高的构成要素开始，并将预期两个月后要达到的目标做上记号，如提高某个或某些关节的活动幅度，增强某个肌肉群的力量等。

远期目标

远期目标是指锻炼者最终要达到的目标。实践证明，经过科学合理的锻炼后，锻炼者是可以达到一般的远期目标的，如提高心肺功能，使其达到优秀的等级，或达到降血脂、防治高血压和冠心病的目的等。

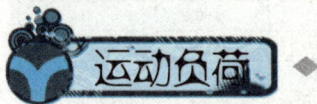

运动负荷

运动负荷即运动量。怎样控制运动量，合适的运动时间是多少等，一直是人们争论不休的问题。但有一点是可以肯定的，那就是任何有关身体活动的意见和建议，都需要综合考虑锻炼者的身体状况和所要达到的目标，并以此为依据来制订科学的身体锻炼计划。

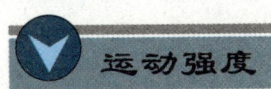
运动强度

在运动过程中，运动强度过小，则无法达到锻炼的效果；运动强度过大，不仅达不到最佳的锻炼效果，还可能产生一些副作用，甚至出现意外事故。确定运动强度有两种方法，即心率简易推测法和主观感觉疲劳分级表推测法。

心率简易推测法

(1)年龄在20岁左右的年轻人，身体健康，能坚持体育锻炼，欲进一步提高身体机能，可取最大心率值(最大心率值＝220－年龄)的65%～85%。

(2)年龄在45岁以下，身体基本健康，有运动习惯者，开始进行健身锻炼，可取最大心率值的65%～80%，没有运动习惯者，开始进行健身锻炼，可取最大心率值的60%～75%。

(3)年龄在45岁以上，身体基本健康，有运动习惯者，开始进行健身锻炼，可取最大心率值的60%～75%，没有运动习惯者，建议根据自身情况咨询专业人员来指导和确定运动强度。

主观感觉疲劳分级表推测法 见表2-1-2

运动的疲劳程度大致分为10级,具体为:0～1级,没感觉;2～3级,尚轻松;4～5级,稍累;6～7级,累;8～9级,很累;10级,精疲力竭。因此,健身锻炼的运动强度应控制在主观感觉疲劳程度的4～7级。

表2-1-2　主观感觉疲劳分级表

0 没感觉	·	2 尚轻松	·	4 稍累	·	6 累	·	8 很累	·	10 精疲力竭

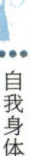

运动频率

运动频率是指每日及每周锻炼的次数。一般每周锻炼 3～4 次，即隔日锻炼 1 次即可。有充足的休息时间，可使机体得到充分的休息，收到更好的锻炼效果。

运动持续时间

运动强度和运动持续时间，决定了一次锻炼的运动量和热量消耗。运动持续时间与运动强度成反比，运动强度大，运动持续时间可相应缩短，运动强度小，则运动持续时间应相应延长。

一般的健身锻炼，运动持续时间以每天 20～60 分钟为宜，其中包括准备活动时间、健身锻炼时间和整理活动时间。每次健身锻炼应在 20 分钟以上，锻炼可一次性完成，也可分段进行，但每段的活动时间应在 10 分钟以上。

第二节
运动价值

运动价值是人们一直在探讨的问题。一般认为，运动具有两方面的价值，即健身价值和心理价值。身体和精神的健康是相互依存的，伴随着身体功能的改善，精神状况也能同时得到改善。

健身价值

健身价值在于提高体适能。体适能包括心肺耐力素质、肌肉力量素质、柔韧性素质和身体成分等。体适能的发展是积极从事锻炼的结果，只有规律性的体育锻炼才能达到最佳的体适能。

提高心肺耐力素质

心肺耐力是指全身肌肉进行长时间运动的持久能力，是体内心肺系统对身体各细胞的供氧能力。人体的心脏、肺、血管、血液等组织的功能是心肺耐力的基础，它们与氧气和营养物质的输送以及代谢物的清除有关。健全的心肺功能是健康的基本保证。

系统的体育锻炼，可以使心肌增厚，收缩力加强，心室容积增大，从而使心脏的泵血功能增强，表现为心血输出量增加。

系统的体育锻炼，呼吸系统机能也将得到提高，表现为呼吸肌的力量增强，肺活量、肺通气量明显增加，保证对机体供氧的能力。

系统的体育锻炼，可以促进血管系统的形态、机能和调节能力产生良好的适应力，从而提高机体的工作能力。

系统的体育锻炼，可以使血液系统产生某些适应性变化，如血容量增加、血黏度下降、红细胞膜弹性增强和红细胞变形能力增强等。

提高肌肉力量素质

肌肉力量是指肌肉最大收缩产生的对抗阻力或负荷的能力。肌肉力量只有达到一定的程度，才能克服外界阻力，而克服外界阻力是维持日常生活自理、从事各种劳动和运动的必要前提。

系统的体育锻炼，可以提高肌肉的生理横断面积，可以改善神经系统对肌肉收缩的支配功能，还可以提高肌肉内代谢物质的储备量，使肌肉力量得到提高。

提高柔韧性素质

柔韧性是指人体各关节的活动幅度，即关节的肌肉、肌腱和韧带等软组织的伸展能力。柔韧性对于保证正常生活质量、维持正常体态、预防损伤发生和减轻损伤程度等方面均起到至关重要的作用。

系统的体育锻炼，还可以延缓因年龄因素而导致的柔韧性下降，预防因缺乏运动而导致的关节结构、周围软组织和膝关节肌肉退化，从而使锻炼者的日常生活、劳动和运动等更加充满活力。

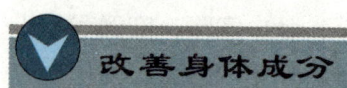

改善身体成分

身体成分是指人体体重中的脂肪组织和去脂组织的重量百分比。身体成分中的脂肪成分增加，肌肉成分必然下降。身体中不具备收缩功能的脂肪组织增加，必然导致身体进行各种活动的能力下降，基础代谢水平降低，肥胖症、冠心病、高血压、糖尿病、高血脂等慢性疾病发病率的提高。因此，身体成分是保证人体健康的重要内容之一。

通过系统的体育锻炼，随着锻炼者体质的增强，热量消耗便随之增加，进而燃烧掉体内多余的脂肪，使身体成分得到改善。而身体成分的改善，又可以减少体重对关节可能带来的不利影响，还可以使肥胖者的心理状况得到改善，增强其自信心，使其逐步建立起健康的生活方式。

心理价值

研究证明，有规律的体育锻炼不但可以使锻炼者增强体质、促进身体健康、预防一些慢性疾病，还可以提高锻炼者的生活满意度和生活质量，对其心理健康产生积极影响。

体育锻炼的心理健康效应主要表现在六个方面：

改善情绪状态

短期效应

研究发现，体育锻炼对人的情绪状态具有显著的短期效应。运动后人们的焦虑、抑郁、紧张和心理紊乱等症状会明显减轻，而精力和愉快程度则明显增强。而且这种情绪的迅速变化，与锻炼者个体的健康状况、活动形式和活动强度等有着直接的联系。

 长期效应

体育锻炼对人情绪的长期效应有着直接的影响，与不锻炼者相比，有规律的锻炼者在较长时期内很少会产生焦虑、抑郁、紧张和心理紊乱等情绪。

完善个性行为特征　　见表 2-2-1

人们的行为特征一般可以分为两种类型，用 A 型行为特征和 B 型行为特征来表示。A 型行为特征主要表现为性情急躁、争强好胜、容易激动、整天忙碌和做事效率高等。B 型行为特征主要表现为不好竞争、不易紧张、不赶时间、对人随和、喜欢自由自在等。具有 A 型行为特征的人由于过度紧张的情绪反应，会引起内分泌失调，增加心脏病发病的概率。目前的一些研究主要集中在体育锻炼对改变 A 型行为特征的作用方面。研究结果表明，有规律的体育锻炼能明显改变 A 型行为特征。

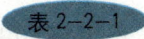 表 2-2-1　　A、B 型个性行为特征常见表现

A 型行为特征者常见表现	B 型行为特征者常见表现
约会从来不迟到	对约会很随便
竞争意识很强	竞争意识不强
别人要讲话时总爱抢先或插话	是别人讲话时很好的听众
总是匆匆忙忙	即使有压力也从不匆忙
等待时缺乏耐心	能够耐心等待
干事时全力以赴	处事漫不经心
同时想干很多事	在一段时间里只干一件事情
讲话喜欢用加强语气，甚至敲桌子	讲话语速缓慢、不慌不忙
做了好事希望能得到别人的认可	只要自己满意即可，不管别人怎样想
吃饭、走路都很快	做事情很慢
不善与人相处	为人随和
容易暴露自己的感情	能控制自己的感情
具有广泛的兴趣	没什么业余爱好
雄心壮志	满足于目前的工作和学习状况

确立良好自我概念

自我概念是指个体对自己身体、思想和情感的主观整体评价，它由许多自我认识组成，包括我是什么人、我主张什么和我喜欢什么等。

坚持体育锻炼，可以使锻炼者体格强健、精力充沛、提高驾驭身体的能力，从而改善对自身的满意程度，确立良好的自我概念。

改变睡眠模式

根据脑电图的显示，人的睡眠可以分为两种状态，即慢波睡眠状态和快波睡眠状态。前者为浅度睡眠状态，后者为深度睡眠状态。一夜之间两种睡眠状态会交替发生 4～5 次。

有规律的体育锻炼不仅对慢波睡眠有促进作用，而且能缩短入眠的潜伏期，并延长睡眠的时间。

改善认知能力

体育锻炼还能改善人的认知过程，避免反应时间过长、注意力不集中和思维混乱等症状的发生，尤其对老年人的认知能力改善效果更为明显。

增加心理治疗效应

体育锻炼被公认为是一种心理治疗的好方法。目前人群中常见的心理疾患是抑郁症和焦虑症。研究发现，体育锻炼是治疗抑郁症的有效手段之一，抑郁症患者经过有规律的体育锻炼，抑郁症状能明显减轻。

体育锻炼还具有治疗焦虑症的作用，通过有规律的体育锻炼，可以使锻炼者的焦虑症状明显改善。

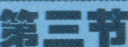

第三节

运动保护

在运动过程中，人体机能会随时发生变化。因此，应针对这种机能变化的特点来进行体育锻炼，也就是我们所说的运动保护。运动保护一般包括运动前准备、运动后放松和自我养护三个方面。

运动前准备 ◆◆◆◆◆◆◆◆◆

准备活动是指在正式运动之前进行的有目的的身体练习。做好充分的准备活动，可以缩短机体进入最佳状态的时间，同时还可以预防运动损伤的发生，为机体发挥最大的工作效率做好功能上的准备。

 准备活动的作用

❄ 提高中枢神经系统兴奋状态

(1)使大脑反应速度加快，参加活动的运动中枢神经相互协调。

(2)为正式运动时生理机能达到适宜程度提前做好准备。

❄ 提高机体代谢水平

(1)准备活动可以使锻炼者体温升高，降低肌肉黏滞性，使肌肉的伸展性、柔韧性和弹性增强，从而有效预防运动损伤的发生。

(2)准备活动可以增强体内代谢酶的活性，使物质代谢水平提高，以保证运动时有较充分的能量供应。

❄ 克服内脏器官生理惰性

(1)准备活动可以提高心血管系统和呼吸系统的机能水平，使肺通气量及心血输出量增加。

(2)可以使心肌和骨骼肌的毛细血管扩张，使其工作肌获得更多的氧，从而克服内脏器官的生理惰性，使之尽快达到最佳状态。

增加皮肤毛细血管血流量

准备活动可以使皮肤毛细血管的血流量增加，运动后毛细血管扩张，有利于散热，降低体温，有效防止开始正式活动时由于体温过高而影响运动能力。

准备活动要求

准备活动时间

（1）准备活动的时间可以根据运动项目的具体情况确定，一般以10～30分钟为宜。

（2）准备活动与正式运动的间隔时间，一般以不超过15分钟为宜，可以在做完准备活动后立刻进行正式运动。

准备活动强度

（1）准备活动的强度和量应较正式运动小，以免引起不必要的疲劳。

（2）准备活动的量可以由心率来决定，心率以100～120次／分为宜。

准备活动内容

 一般性准备活动

一般性准备活动的内容多以伸展运动开始，然后进行一般性的跑步、徒手体操等活动。

下面介绍一套常用的一般性准备活动操，供锻炼者运动前使用。这套活动操主要包括头部运动、肩部运动、扩胸运动、体侧运动、体转运动、髋部运动和踢腿运动等。

图 2—3—1

头部运动

头部运动的动作方法（见图2-3-1）：两手叉腰，两脚左右开立，做头部向前、向后、向左、向右，以及绕环运动。

肩部运动

肩部运动的动作方法（见图2-3-2）：手扶肩部，屈臂向前、向后绕环，以及直臂绕环。

扩胸运动

扩胸运动的动作方法（见图2-3-3）：屈臂向后振动及直臂向后振动。

体侧运动

体侧运动的动作方法（见图2-3-4）：两脚左右开立，一手叉腰，另一臂上举，并随上体向对侧振动。

体转运动

体转运动的动作方法（见图2-3-5）：两脚左右开立，两臂体前屈，身体向左、向右有节奏地扭转。

髋部运动

髋部运动的动作方法（见图2-3-6）：两脚左右开立，两手叉腰，髋关节放松，向左、向右360度旋转。

图 2-3-2

图 2-3-3

踢腿运动

踢腿运动的动作方法（见图 2-3-7）：两臂上举后振，同时一腿向后半步，重心置于前腿，两臂下摆后振，同时向前上方踢腿。

图 2-3-4 　　　　图 2-3-5

图 2-3-6 　　　　图 2-3-7

专门性准备活动的动作方法、节奏和强度等与正式锻炼相似，目的是使人体主要肌群在运动前得到动员，为正式锻炼做好准备。

运动后放松

运动后放松是指运动之后所进行的一些能够加速机体功能恢复的、较轻松的身体活动。与运动前准备活动相反，其目的是使锻炼者的生理机能水平逐步得到恢复。

放松方法

🌸 运动性手段

（1）运动结束后，锻炼者可采用变换运动部位的方法来消除疲劳，如上肢出现疲劳时可做一些慢跑运动，下肢出现疲劳时可做一些上肢运动。

（2）转换运动类型也是一种不错的放松方法，如打羽毛球出现疲劳时，可从事瑜伽运动来达到放松的目的。

（3）还可以用调整运动强度的方法来缓解疲劳，如可以在放松过程中，采用小强度的轻微运动方法等。

🌸 整理活动　见图2-3-8

（1）整理活动是指运动后所做的一些能够加速机体功能恢复的身体活动，如剧烈运动后进行 3～5 分钟慢跑或其他整理活动，使身体机能得以恢复。

（2）剧烈运动后如不做整理活动而骤然停止动作，会影响氧气的补充和静脉血的回流，使机体血压降低，引起不良反应。

图 2-3-8

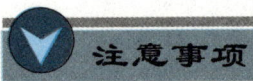

（1）在进行整理活动时动作应缓慢、放松，运动量不要过大，否则会引起新的疲劳。

（2）在进行整理活动时，应当保持心情舒畅、精神愉快。

锻炼后，锻炼者感觉身体疲劳是一种正常的生理现象，是体育锻炼过程中的正常反应，随着体育锻炼时间的延长，疲劳症状会自然消失。运动性疲劳出现后，锻炼者如果采用一些自我养护措施，可以加速身体机能的恢复，尽快消除疲劳，提高锻炼效果。常见的自我养护方法主要包括运动后休息、合理营养和物理手段等三种。

静止性休息 见图 2-3-9

（1）静止性休息是指锻炼者运动后保持机体相对的静止状态，以促进身体机能的恢复，尽快消除疲劳。

（2）静止性休息的最佳方式之一是睡眠，特别是刚开始从事锻炼

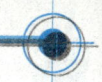

者，身体不适应或疲劳症状明显时，更应该保证足够的睡眠，否则，锻炼者虽然积极参加了体育锻炼，但收效甚微，甚至会导致过度疲劳症状的发生。

（3）静止性休息更适合于消除全身运动导致的整体疲劳症状。

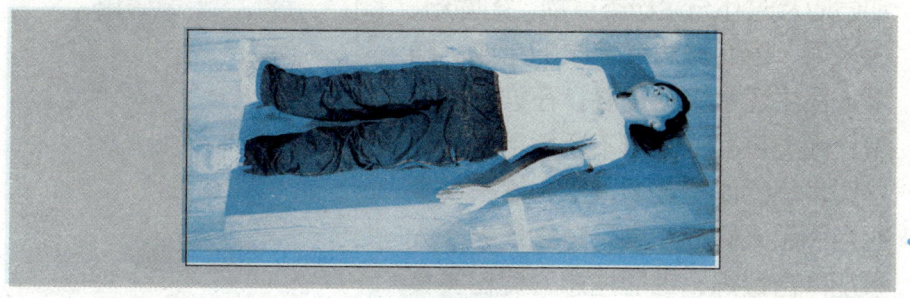

图 2-3-9

 积极性休息 见图 2-3-10

（1）积极性休息更适合由于少量肌肉群参与工作而导致的局部疲劳，或运动强度较大而导致的快速疲劳。

（2）积极性休息可以加速血液循环，有利于代谢物排出体外，对促进身体机能的恢复具有明显的效果。

图 2-3-10

 合理营养　见图2-3-11

图2-3-11

小强度、长时间的运动形式，主要是靠糖原的有氧代谢提供能量。运动后应及时补充淀粉类食物，如面粉、大米等，以促进消耗糖原的合成。随着人民生活水平的提高，在饮食结构中，肉类食品的比重不断增加，而淀粉类食品的比重逐渐减少，这一现象应当引起人们的注意，特别是老年人参加体育锻炼，更应注意对淀粉类食物的补充。

强度较大、时间又相对较长的运动形式，主要是靠糖原的无氧代谢提供能量。这样，糖原无氧代谢产物——乳酸便会在体内大量堆积。因此，运动后应多补充蔬菜、水果等碱性食品，以加速乳酸的清除，达到尽快消除疲劳的目的。

物理手段

 按摩及牵拉　见图2-3-12

（1）通过刺激神经末梢、皮肤结缔组织和毛细血管的按摩方法，可以使紧张的肌肉得以放松，从而改善局部组织和全身的血液循环，达到促进身体机能恢复的目的，这种方法可以在锻炼后马上进行。

（2）此外，还可以采取缓慢牵拉肌肉的方法，使收缩的肌肉得到充分的伸展放松。

水疗及电疗

（1）水疗包括芬兰式蒸汽浴、热水浴和桑拿浴等多种形式，主要作用是通过提高体温，促进血液循环，清除代谢物，以达到尽快消除疲劳、恢复体力的目的。

（2）水疗的时间一般以不超过30分钟为宜，如果时间过长，会进一步消耗体力，严重时甚至会出现暂时性脑缺血现象。

（3）如果条件允许，还可对疲劳的肌肉进行低频治疗。低频治疗仪的原理是模拟针灸疗法，使用时将电极用不干胶对称地粘贴在运动部位表皮上。这种疗法可以促进局部血液循环，改善组织代谢，缓解肌肉酸痛，消除疲劳。

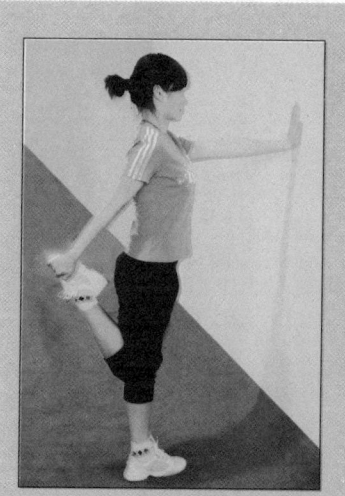

图 2-3-12

第三章 器械体操

　　器械体操是指借助器械完成一些例如转体、摆动、回环、空翻等动作的体操。在练习过程当中,可以利用器械增强练习者的上肢力量,使其身体的灵活性和协调性得到提高,加强其身体的控制能力。同时,器械体操对练习者自身的意志培养也会起到很大的作用。器械体操包括双杠、单杠、吊环、鞍马、高低杠和平衡木等。

第一节

双杠

双杠属于器械体操项目之一，经常练习双杠，能有效地增强上肢、躯干、肩带肌和腰腹肌的力量，对控制能力、协调能力和平衡能力等均有积极的促进作用。双杠动作包括支撑摆动、支撑摆动臂屈伸、分腿坐前进一次成分腿坐、滚杠、外侧坐前摆越两杠成外侧坐、支撑摆动后摆挺身下、分腿坐慢起成肩倒立和支撑后摆成手倒立等。

支撑摆动是练习者在支撑的情况下，做前后或是左右钟摆式的摆动动作。练习支撑摆动，可以增强上肢力量，提高身体协调性。

❄ 动作方法　见图 3−1−1

（1）由支撑开始，向前举腿，获得向前的动力，以肩关节为轴进行摆动；

（2）当后摆至杠下垂直面时，向前甩腿，拉开上臂与上体的角度，含胸、紧腰；

（3）当前摆至杠下垂直面时，收腹、屈髋，向前上方加速摆腿，尽量拉开上臂与上体的角度。

❄ 技术要点

（1）基本支撑姿势要正确，不要塌肩；

（2）前摆过程中，下摆时肩部减少前倾，要顶肩膀，上摆时随着腿部向前上方运动，应拉开肩角，并向前跟肩，后摆时也要保持肩轴在握点上方；

（3）前、后摆动均需要腿过杠下垂直面后，加速摆腿。

错误纠正

练习时易出现前摆或后摆时机过早,导致向后倒肩或向前扎肩等问题。因此,应在杠下方铺上适当高度的保护垫子,出现以上现象时,可以直接站立。

保护与帮助

保护者站在练习者的侧面,当其前摆时,一手扶其肩部,一手扶背部,帮助其前摆;当其后摆时,一手扶其肩部,一手托其胸部,帮助其后摆。

图 3-1-1

支撑摆动臂屈伸

支撑摆动臂屈伸是指两臂从伸直状态到弯曲,然后还原成伸直状态的过程。通过两臂屈伸的练习,可增强胸部肌群的力量,改变胸部肌群的轮廓,对身体协调性的提高也有很大的帮助。

动作方法 见图 3-1-2

(1)由支撑摆动开始,当支撑后摆接近最高点时,顶肩抬头,两臂伸直,随着身体向前摆动,两臂主动弯曲至最大限度,当腿过杠下垂直

面时,加速向前上方摆腿;

　　(2)向前上方加速摆腿的同时,两臂用力撑杠,逐渐伸直,拉开肩角,成支撑前摆;

　　(3)当支撑前摆接近最高点时紧腰,随着身体向回摆,两臂逐渐弯曲,当腿过杠下垂直面时,加速向后上方甩腿;

　　(4)向后上方甩腿展髋的同时,两手用力撑杠,逐渐伸直,脚尖远伸,拉开肩角,成支撑后摆。

技术要点

　　(1)两臂弯曲时,身体要保持伸直状态;

　　(2)屈臂前后摆动时,两臂应向内夹肘;

　　(3)前、后摆动均需要腿过杠下垂直面后,加速摆腿。

错误纠正

　　练习时易出现前摆或后摆时机过早,导致向后或向前扎肩等问题。因此,应在杠下方铺上适当高度的保护垫子,在出现以上现象时,可以直接站立。

保护与帮助

　　保护者站在练习者的侧面,当其前摆时,左手扶其肩部,右手扶背部,帮助其前摆;当其后摆时,换成一手扶其肩部,一手托其胸部,帮助其完成动作。

图 3-1-2

 ## 分腿坐前进一次成分腿坐

分腿坐前进一次成分腿坐是双杠的上法动作之一,此动作为低难度动作。通过练习,可以增强上肢力量,提高身体的控制能力。

动作方法 见图 3-1-3

(1)由分腿坐开始,屈肩推杠;

(2)重心升起立髋,大腿内侧用力夹杠,两腿保持伸直状态,重心前移,两手在体前约 40 厘米处握杠;

(3)两腿顺势向内滑,并腿进杠;

(4)支撑前摆过杠面,分腿坐杠,以大腿后侧触杠。

技术要点

(1)两臂弯曲时,身体应保持正直;

(2)屈臂前摆时,两肘应向内夹;

(3)先屈臂后下摆,上摆同时伸直两臂;

(4)支撑前摆过杠面时,分腿坐杠,应以大腿后侧触杠。

❋ 错操纠正

并腿进杠时易出现向前扎肩等问题。因此,应将杠下垫子垫高(适合支撑摆动),在出现扎肩现象时可以直接站立。

❋ 保护与帮助

保护者站在杠外练习者的侧面,当练习者向前支撑并腿进杠时,一手扶其上臂,另一手托其膝部;当练习者前摆时,托膝手换托臀部,送其至分腿坐。

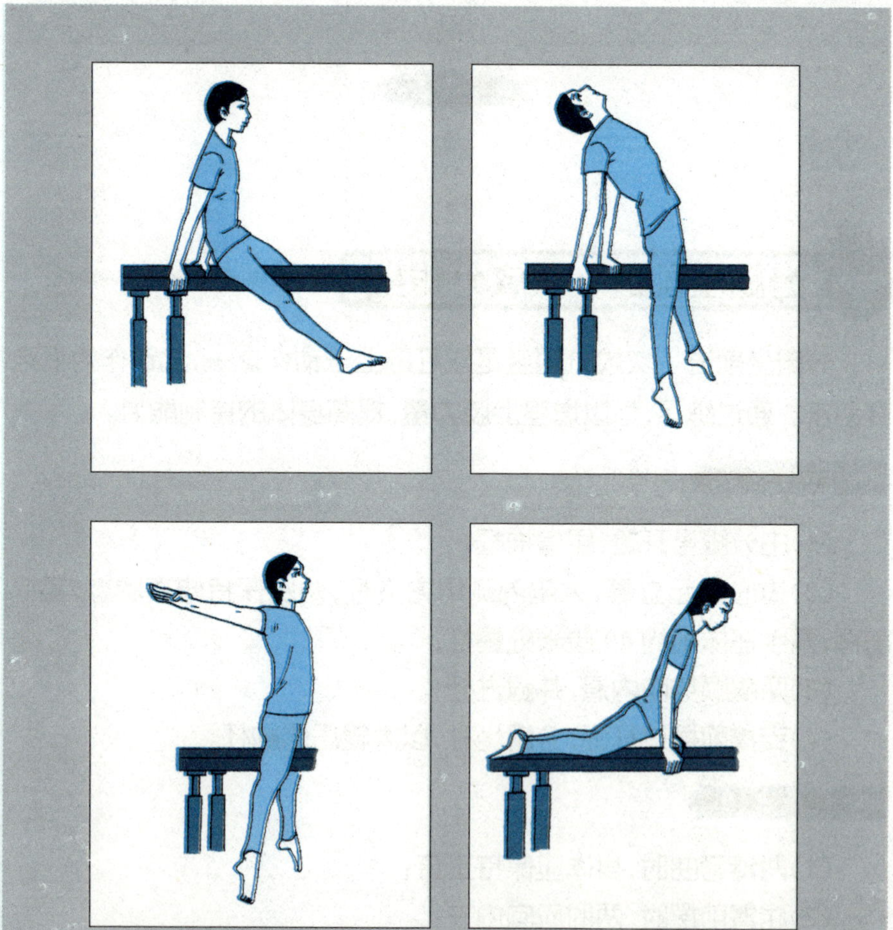

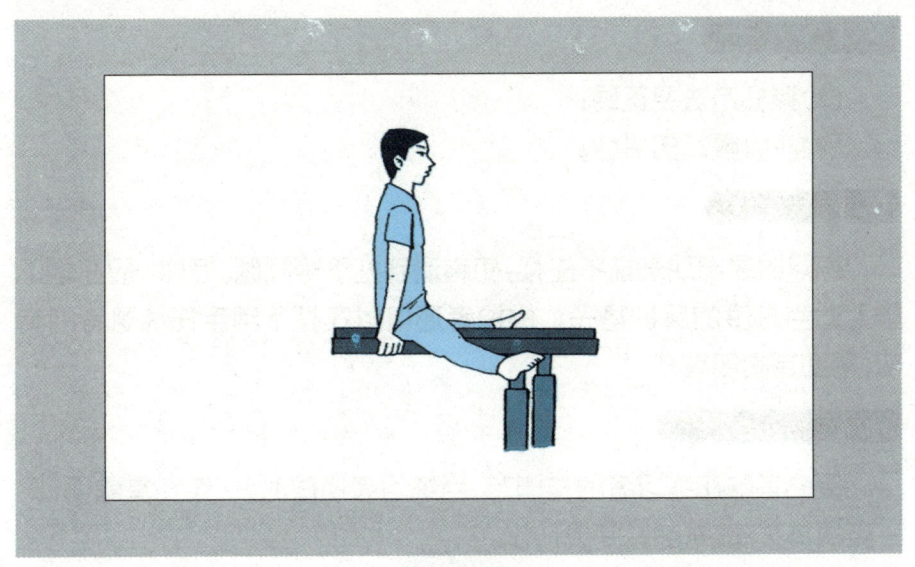

图 3-1-3

 滚杠 ◆◆◆◆◆◆◆◆◆

　　滚杠是双杠的基本动作之一，它是指由腰骶部依次滚过杠面，同时转体180度的动作。滚杠的练习不但能够提高身体的协调性，并且可以培养练习者勇敢顽强的意志。

动作方法　见图 3-1-4

　　（1）以滚右杠为例，由分腿坐开始，两臂侧上举，直体前倒，左手在杠与肩部的垂直处撑杠，并顺势屈臂支撑；

　　（2）屈臂支撑的同时，右手从杠下靠近左大腿处握杠，虎口向内，掌心向上；

　　（3）上体前俯，头至杠下，左腿举起，带动髋部向右杠翻滚，以臀的上部压杠经分腿仰卧，接着右腿举起，跨越两杠，并向下压杠转体，带动上体抬起；

　　（4）上体抬起的同时，左肘落下，右肘翻起，经屈臂支撑，再用力将臂撑直。

技术要点

（1）握杠方法要正确；

（2）应以腰骶部滚杠。

错误纠正

练习时易出现肩扛不住杠，使肩漏到杠下等问题。因此，应在杠下垫上适当高度的保护垫子，保护者还可以在杠下用手托练习者的肩部，帮助其肩部靠杠。

保护与帮助

保护者站在练习者的左侧方，当练习者摆腿时，一手托其肩部，另一手扶其腹部，帮助其完成动作。

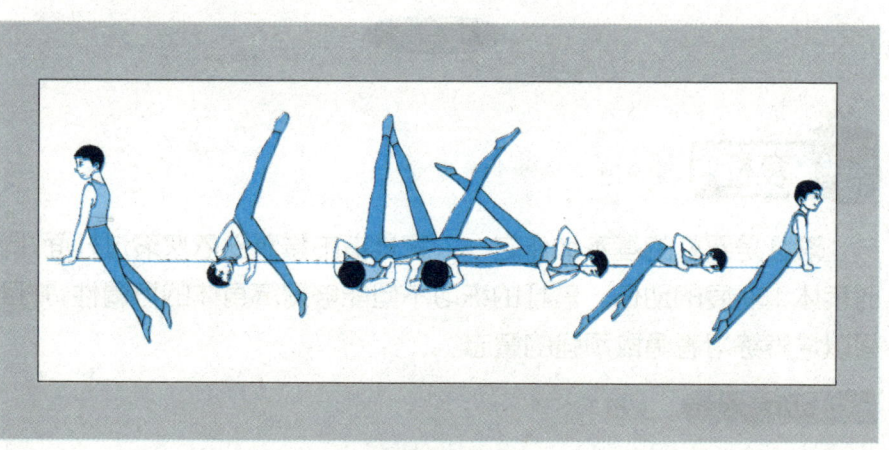

图 3-1-4

外侧坐前摆越两杠成外侧坐

外侧坐越两杠成外侧坐是双杠前摆成外侧坐的辅助练习方法，也可作为发展身体素质的一种手段。经常练习此动作可以增强我们的腰腹肌力量，提高身体的协调能力。

❀ 动作方法 见图 3-1-5

（1）以左侧外侧坐为例，由左外侧坐开始，左腿大腿后部用力压杠，两腿用力向左侧上方摆起，重心左移；

（2）两腿在杠中并拢；

（3）右臂推杠，使重心向右侧转移，成右侧外侧坐姿势；

（4）反向动作与此动作相同，方向相反。

❀ 技术要点

（1）有明显的重心转移；

（2）两腿向杠中并拢时，腿尽量向高摆。

❀ 错误纠正

练习时易出现向前摆腿不够充分等问题。因此，保护者应站在一侧，一手扶其肩部，一手托其腰背部，帮助练习者向前摆腿展髋。

❀ 保护与帮助

保护者站在练习者的左侧方，一手握其上臂，一手在杠下托其臀部，帮助其完成摆腿越杠动作。

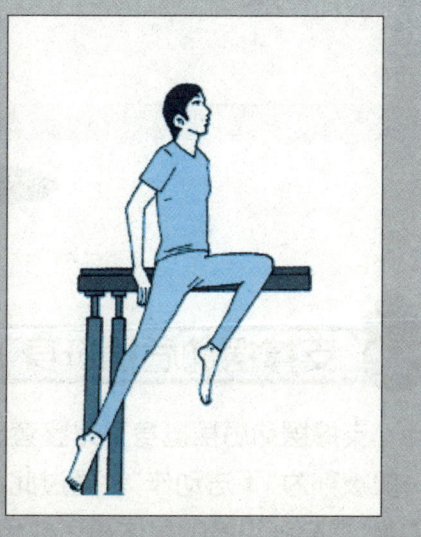

图 3-1-5

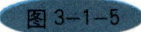 支撑摆动后摆挺身下

支撑摆动后摆挺身下是整套动作中按技术要求的最后一个动作，一般被称为"下法动作"。通过此动作的练习，可以增强练习者的上肢力量，提高练习者的身体灵活性和协调能力。

❊ 动作方法　见图3-1-6

（1）由支撑摆动开始，当后摆过垂直面部位时，两腿迅速向后上方摆腿；

（2）接近最高点时，整个身体向外侧移动；

（3）右手迅速握左杠（右手位于左手前方）；

（4）左手推离杠，后摆至侧上举，抬头挺胸，保持挺身姿势，落地侧立。

❊ 技术要点

（1）后摆时含胸、直臂、顶肩；

（2）推手有力，换握杠要及时。

❊ 错误纠正

练习时易出现后摆收腹、屈髋、撅臀，推手换握杠的时机掌握不好，跳下时缺少挺身展髋动作等问题。因此，应在保护者帮助下练习俯撑推手换握移动重心动作（保护者可用两手握住练习者脚腕），体会动作要领。

❊ 保护与帮助

保护者站在练习者同侧，一手扶其肩部，一手托其腹部；或者保护者站在练习者异侧，推送其髋侧部或大腿，帮助其完成动作。

图3-1-6

分腿坐慢起成肩倒立

分腿坐慢起肩倒立是双杠的基本动作之一，一般作为双杠的连接动作。经常练习，可以发展练习者的腹肌及背肌的力量。

动作方法　见图3-1-7

（1）由分腿坐开始，两手靠近大腿撑杠，上体前倒；

（2）屈臂夹肘，弓背提臀，同时收紧腹部，当肩部触及杠时，两肘迅速外张，以肩部压杠，抬头、挺胸；

（3）两腿离杠后侧分，翻臀，举腿并拢，展体，紧腰，夹臀，成肩倒立。

技术要点

（1）当臀部提至接近肩部垂线时，边伸髋、挺身，边移重心至垂直部位；

（2）成肩倒立时，两肘应外展，提臀、紧腰、伸髋。

错误纠正

练习时易出现提臀时力量过大，使臀部过肩部的支撑垂线，致使掉下器械等问题。因此，应在倒立架上做慢起肩倒立练习，体会动作要领。

保护与帮助

保护者站在练习者的侧前方，当练习者提臀分肘时，一手托其肩部，一手托其腹部，帮助其分肘翻臀；当练习者肘部打开时，换成一手托其背部，一手托其肩部。

图 3-1-7

支撑后摆成手倒立

支撑后摆成手倒立是双杠的基础动作,一般作为双杠成套动作中的连接部分,练习此动作可以提高练习者身体的协调能力以及三角肌的力量。

 见图 3-1-8

(1)当后摆至杠下垂直面后,开始加速向后上方摆腿;

(2)摆过杠上 45 度之后,随着脚尖继续上摆,开始顶肩,充分拉开肩角,至垂直部位时,紧腰锁肩,两腿向上顶,使重心投影落在支撑面上成手倒立。

技术要点

(1)后摆时身体伸直;

(2)至手倒立部位时,应向上伸脚尖,紧腰、顶肩;

(3)要使重心投影保持在支撑面之内,若有偏离趋势,应靠手腕及肩带肌肉力量调节控制。

✿ 错误纠正

　　练习时易出现后摆发力过早,出现向前扎肩,后摆过垂线部位后屈臂等问题。因此,应反复做支撑摆动练习,可在保护者帮助下,做大幅度摆动练习。

✿ 保护与帮助

　　保护者站在保护架上,侧立,当练习者后摆接近 45 度时,保护者两手抓其踝关节,帮助其完成手倒立动作。

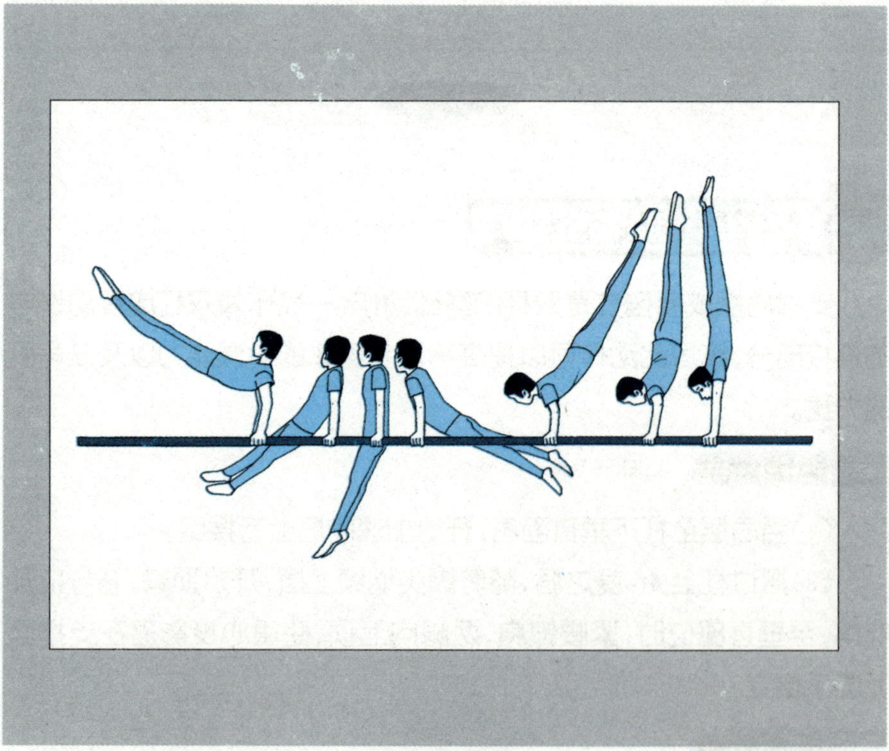

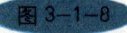

图 3-1-8

第二节
单杠

单杠是器械体操项目之一，其动作技术多样，连接多变。经常进行单杠项目的练习，可增强人体运动系统、内脏器官和神经系统的功能，促进人体的正常发育和全面发展。同时，单杠练习还能够提高练习者的身体素质，对其协调性及灵活性的培养有一定的帮助。单杠基本动作包括单蹬地翻上成支撑、单挂膝上、腹回环(后回环)、支撑后摆挺身下、长振屈伸上、骑撑后腿向前摆越同时转体180度成支撑和骑撑后腿向前摆越转体90度跳下等。

 **单蹬地翻上成支撑**

单蹬地翻上成支撑是单杠中较简单的动作，一般是靠上臂拉引，做以腹部为轴转动约半周的动作。经常练习，可以增强上肢力量和腰腹力量。

❋ **动作方法** 见图3-2-1

（1）由站立悬垂姿势开始（以右脚为例），两手正握单杠与肩同宽；

（2）左腿经体前向后上方迅速摆起，右腿用力蹬地，同时屈髋引体，使腹部靠杠；

（3）当左腿超过杠水平面时，右腿迅速跟从后向前上摆腿，并拢，继续向上，后方摆过杠；

（4）两臂保持弯曲，直到小腹贴杠两腿下落，抬头、挺身翻腕成支撑。

技术要点

（1）摆腿蹬地充分，屈臂用力拉杠，使身体重心迅速靠近单杠；

（2）支撑时两腿与单杠垂直面的夹角为 45 度以上，动作一定要连贯有序、挺身充分。

错误纠正

练习时易出现直臂摆腿、摆腿方向错误、屈臂引体与摆腿动作不协调等问题。因此，应在杠前做屈臂引体练习，注意向后上方屈髋摆腿，体会动作要领。

保护与帮助

保护者站在杠前侧方（左、右均可），当练习者摆腿时，一手抓其手腕，一手托其大腿；当练习者腹部靠杠后，换成一手托其肩部，一手托其腿部。

器械体操

图 3-2-1

 **单挂膝上** ◆◆◆◆◆◆◆◆◆◆

单挂膝上是大众练习中的一个低难度动作,靠回环力来完成。通过对此动作的练习,可以提高练习者的平衡能力,还可以锻炼练习者的胆量。

❋ 动作方法 见图 3-2-2

(1)由骑撑正握开始(以右膝挂杠为例),左腿向后摆,右膝勾杠,两臂向前推杠,抬头、挺胸,用力后倒;

(2)当转成挂膝悬垂时,左腿用力向前上方摆动,身体尽可能远离杠,加大摆动幅度和转动半径;

(3)当回环至 3/4 周时(背部朝上),左腿向正后方伸出,同时抬头、挺胸、转腕,上体向后上方抬起;

(4)当上体转回到预备姿势时,右腿伸直前移成支撑。

❋ 技术要点

(1)练习过程中始终是直臂握杠,摆动时肩部尽力远离握点;

(2)后摆时,摆动腿主动前伸,并加速后摆,当后摆至杠水平面后,直臂压杠,抬头、挺胸、转腕成支撑。

❋ 错误纠正

练习时易出现屈臂后倒、压杠伸腿不及时、后倒回环接近杠下垂直面时出现脱手等问题。因此,应在保护者帮助下,做杠上支撑直臂后倒和悬垂摆动练习,体会动作要领。

❋ 保护与帮助

保护者站在练习者的一侧,一手扶其膝部,帮助其后倒挂膝;挂膝前摆时,一手扶其肩部,一手扶其摆动腿的膝部,助其向前上方摆腿送髋;当摆动至 3/4 时,换成一手扶其背部,一手拨腿;当练习者支撑后,换成一手扶其肩部,一手扶其腿部,防止其前倒。

图 3-2-2

 腹回环（后回环）

腹回环是单杠动作之一，是指以腹部为轴绕杠转动一周的动作。经常练习，可以提高练习者身体的协调性。

动作方法 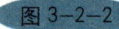 见图 3-2-3

（1）由支撑姿势开始，后摆时肩略前移，臂撑直，当腹部靠杠时，迅速倒上体，直臂压杠，向后回环；

（2）当后回环至 3/4 时，伸髋、抬头、翻腕成支撑。

技术要点

（1）回环时直臂含胸，肩部保持在杠面以上，身体伸直；

（2）腹部靠杠时，迅速倒上体，直臂压杠回环；

（3）回环至 3/4 时，两腿向后伸。

错误纠正

练习时易出现向后倒肩时手臂没有充分伸直、回环时身体不直等问题。因此，可以让练习者支撑在单杠上，用一根短绳，一端扣在单杠上，另一端绕过练习者的臀腰间，再绕2～3周于单杠上，然后由保护者助其回环一周，体会回环时的空间感觉。

保护与帮助

保护者在杠的前侧方，一手扶其上臂，一手托其腿部，助其上摆；当练习者身体下摆时，换成一手抓其手腕，一手托其腿部，助其腹部靠杠；当腹部靠杠回环至3/4时，换成一手扶其腿部，另一手托其肩上部，保护练习者的平衡（初学者可由两人进行保护）。

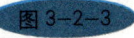 图3-2-3

支撑后摆挺身下

支撑后摆挺身下是单杠运动中的下法动作之一，主要靠屈髋摆腿和两手推杠的力量来完成。通过练习，可以提高练习者的身体协调能力，并且能够增强上肢力量。

动作方法 见图3-2-4

(1)由支撑姿势开始,腿前摆时,上体略前倾,使肩部保持在杠前;

(2)腿后摆接近最高点时,两腿制动,同时直臂顶肩推杠,抬上体挺身落下。

技术要点

(1)两腿前摆时,使肩部保持在杠前;

(2)当后摆接近最高点时,同时直臂顶肩推杠;

(3)腾空时,两腿下压,抬上体挺身跳下。

错误纠正

练习时易出现后摆高度不够、顶肩推杠等问题。因此,应在单杠(缠上一层薄海绵)上进行支撑后摆还原练习,体会动作要领。

保护与帮助

保护者站在练习者的侧后方,一手扶其上臂,一手托其大腿前部,助其上摆;挺身落下时,跟随其落地点,一手扶其上臂,一手扶其背部(初学者可由两人进行保护)。

图3-2-4

器械体操

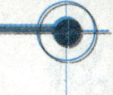

长振屈伸上

长振屈伸上一般作为单杠运动的上法动作,通过练习,可以加强身体的协调性和灵活性,同时还能增强练习者的腰腹肌力量。

动作方法 见图3-2-5

(1)由站立姿势开始,练习者位于杠后30～40厘米处,两手正握杠,屈膝下蹲,然后向后上方跳起,提臀、屈髋、含胸,经直角悬垂,两脚沿地面前摆;

(2)随着脚尖远伸,髋关节逐渐打开,拉开肩角,在前摆接近结束时,迅速举腿、屈髋、翻臀,使两脚靠近杠面,成屈体悬垂姿势;

(3)待肩部后摆超过杠下垂直面后,两腿迅速沿杠向前上方伸髋至大腿根部,同时直臂压杠,紧跟上体,翻腕成支撑。

技术要点

(1)前摆至高远端时,迅速屈髋、收腿、翻臀,使脚面靠近杠面;

(2)后摆时肩部过杠垂直面后,两腿沿杠面伸髋,同时直臂压杠,转腕成支撑。

错误纠正

练习时易出现收腿慢、穿腿时机撑握不准等问题。因此,应在保护者帮助下,做沉肩跳起脚尖前伸举腿翻臀和屈体悬垂穿腿练习,体会动作要领。

保护与帮助

保护者站在练习者的侧前方,当练习者跳起向前摆动时,一手扶其肩部,一手扶其大腿;当其举腿翻臀时,一手托其背部,一手托其臀部,帮助其翻臀;当穿腿压杠时,一手扶其背部,一手托其大腿,帮助其完成动作。

图 3—2—5

骑撑后腿向前摆越同时转体 180 度成支撑

动作方法 见图 3—2—6

（1）由右腿骑撑右后反握杠开始，左臂推杠，使身体重心移至右臂；

（2）上体主动向右后侧倒，挺身，后举左腿；

（3）接着左手推离杠，以右臂为轴，上体带动向右转体 180 度，换左手握杠，左腿向右腿并拢，成支撑。

技术要点

（1）注意移重心，上体侧倒，挺身控腿；

（2）以单臂支撑为轴，用上体带动身体转动 180 度；

（3）上体与杠垂直，且保持一定的倾斜角度，以便控制平衡。

错误纠正

转体时易出现重心太过靠后、掉下器械等问题。因此，应在跳箱上进行转体练习，体会动作要领。

保护与帮助

保护者站在练习者的正前方，两手握其踝关节，帮助其做转体动作。

图 3-2-6

骑撑后腿向前摆越转体 90 度跳下

骑撑后腿向前摆越转体 90 度跳下是单杠的下法动作之一，为低难度动作，适用于初学者。练习此动作，不但可以发展练习者身体的平衡能力，而且也有助于提高身体的协调性。

 动作方法  见图 3-2-7

（1）以右腿在前骑撑开始，右手于离身体约 20～30 厘米处反握

杠,左臂推杠,上体向右侧倒,同时左腿向左侧上方摆起;

（2）右腿向下压杠弹起,顺身体向侧上方腾起之势,左手推离杠,右臂直臂顶杠,左腿摆越,右腿向左腿并拢,同时向右转体 90 度挺身跳下。

技术要点

（1）上体侧倒主动推离杠,使身体重心移至支撑臂上;

（2）前腿压杠,后腿侧摆,支撑臂顶肩撑杠;

（3）后腿摆越,前腿向后腿靠拢,同时挺身转体 90 度,面向转体一方。

错误纠正

练习时易出现撅臀、向侧前方扎肩、摆动腿没有摆过杠等问题。因此,应在跳箱上做下法练习,体会动作要领。

保护与帮助

保护者站在练习者的右侧前方,左手抓其上臂,右手托其小腿,帮助其展髋跳下。

图 3-2-7

器械体操

第三节

吊环

　　吊环是器械体操项目的一种，也是男子竞技体操项目之一。吊环以大摆动作为主，但静止和用力动作在吊环运动中也具有很重要的作用。因此，练习吊环，可以增强练习者的肌肉力量，提高其身体的控制能力。吊环的基本动作包括悬垂摆动、悬垂双臂直拉引上成支撑、摆动屈体翻上成支撑、摆动后摆上、直角支撑屈体前倒成倒悬垂和摆动直体后空翻下等。

悬垂摆动

　　悬垂摆动是指身体一部分挂在器械上，做前后钟摆式摆动。利用这种摆动方式练习，可以增强练习者的上肢力量，并且对身体协调性的提高也有很大的帮助。

动作方法　见图 3-3-1

　　（1）由悬垂姿势开始，略屈臂引体，同时迅速收腹举腿，并以两腿带动髋关节和肩关节向前上方送出，两臂尽量向后引环，身体伸直；

　　（2）下摆时，自然沉肩，略含胸；

　　（3）后摆过垂直部位时，两腿快速向后上方摆起，直臂向前推压环；

　　（4）回摆时，肩部主动下沉，身体挺直，过垂直部位时，两腿用力向前上方摆腿，并直臂向后引环，使身体重心达到尽可能高的位置。

技术要点

　　（1）前摆时要向后引环，拉开上臂与上体的角度，两腿前伸；

　　（2）后摆时要充分地向后上方撩腿，两臂向斜前方压环，帮助身体

上升。

错误纠正

练习时易出现摆动过程中有屈臂、脱手等问题。因此,应在保护者帮助下,做小幅度摆动练习,体会动作要领。

保护与帮助

保护者站在练习者的侧前方,当练习者前摆时,一手托其背部,一手托其大腿;后摆时,一手托其胸部,另一手托其大腿。

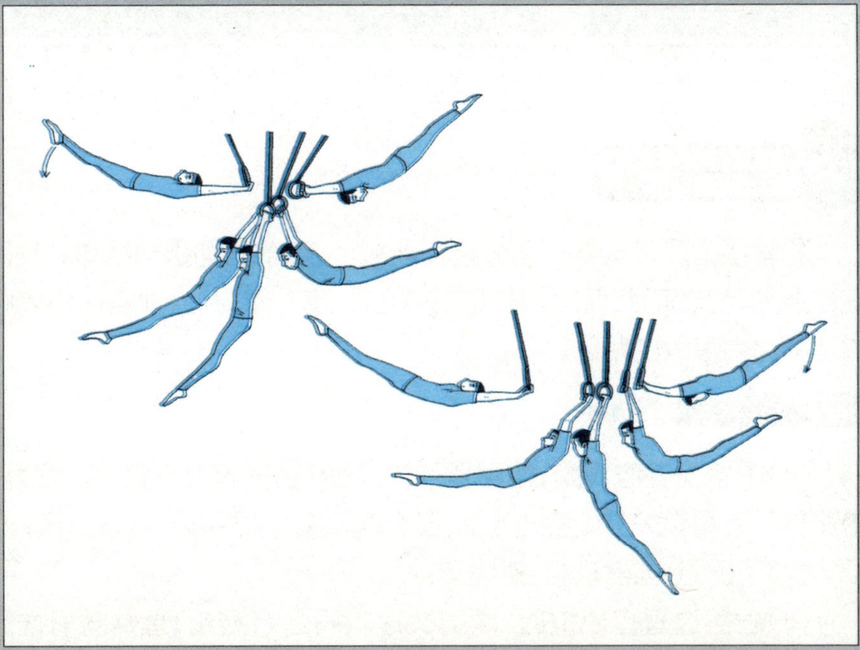

图 3-3-1

悬垂双臂直拉引上成支撑

悬垂双臂直拉引上成支撑是指在两手握器械的状态下,靠双臂的力量将身体拉至体侧。此动作是器械体操的上法动作之一,通过练习,可以帮助练习者增强上肢力量,提高身体控制能力。

动作方法 见图3-3-2

(1)由悬垂开始,屈肘向上引体,肩略后送,身体挺直,用力向胸部拉环,使两环略向内含;

(2)肘关节迅速向上翻转,将环向两侧分开并向外转,环达到腹下时,伸直两臂,向上引体至立肘。

技术要点

(1)屈臂引体要尽量使环靠近胸前,当将环拉近腋下后,迅速向外翻环立肘;

(2)动作应连接紧密,速度要均匀,一气呵成。

错误纠正

练习时易出现引体低于胸部、翻环过早等问题。因此,应在保护者帮助下,做翻环立腕练习,体会动作要领。

保护与帮助

保护者站在练习者的前方或后方,两手扶其膝或踝关节向上推,帮助其完成动作。

吊环

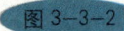

图 3-3-2

摆动屈体翻上成支撑

　　此动作一般做为吊环的上法动作，也有人将其作为系列动作中间的连接动作。通过练习，不但可以提高练习者的身体协调性与灵活性，还可以增强练习者的上肢力量。

❀ 动作方法　　见图3-3-3

（1）由悬垂姿势开始，屈臂引体，并屈髋，两腿上举，同时上体后倒，使身体重心靠近环，向后翻转；

（2）当上体转至环上方时，两臂保持紧张弯曲，向外翻环；

（3）当身体展开时，两腿开始制动，背部用力向上振，借上体翻转的惯性使身体绕环转动，抬起上体；

（4）两臂伸直，两腿慢慢放下成支撑。

❀ 技术要点

（1）摆过垂直面后，要求更积极地向前上方加速摆腿；

（2）随后直臂掌心向前靠近体侧及早用力获得支撑，身体伸直向后翻转；

（3）获得支撑时，要控制两腿的高度在肩部以上。

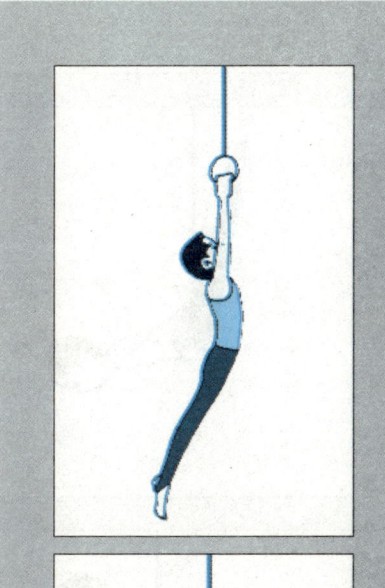

❀ 错误纠正

练习时易出现展髋过早或过晚、在摆动过垂直面向上摆腿时掉落等问题。因此，应做悬垂摆动翻臂展髋练习，体会动作要领，当练习者摆过垂直面后，迅速在吊环下面放上厚海绵。

❀ 保护与帮助

保护者站在练习者的前方或后方，一手托其肩部，一手托其腿部，帮助其完成动作。

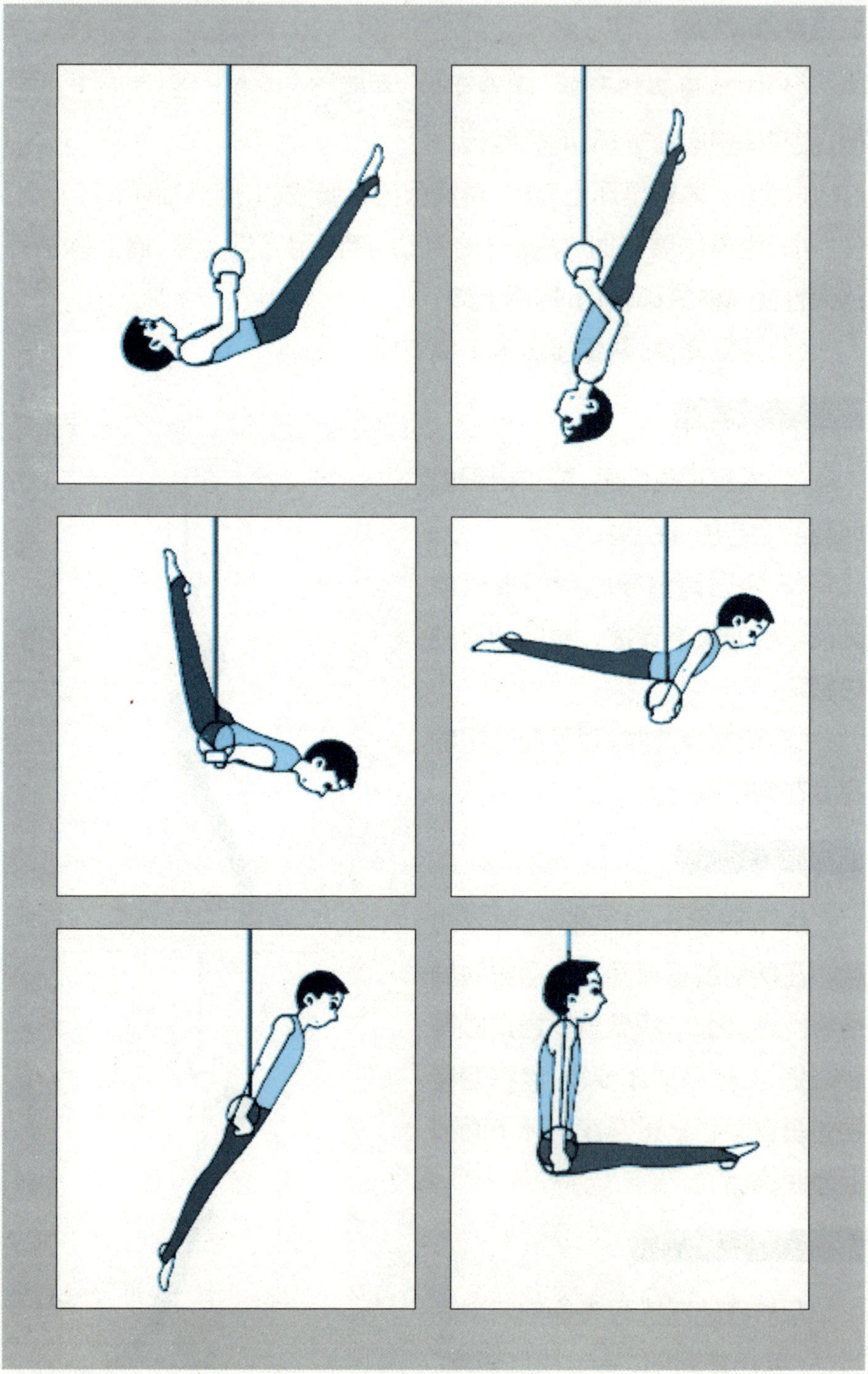

图 3—3—3

摆动后摆上

摆动后摆上是指经过悬垂摆动向后摆，成双臂支撑的动作，属于器械体操中的上法动作之一。通过练习，可以帮助练习者增强上肢力量、提高身体的协调性。

动作方法　见图3-3-4

（1）由悬垂摆动姿势开始，当身体后摆接近垂直部位时，肩下沉，略含胸，收腹；

（2）后摆过垂直部位后，向后上方用力甩腿，两臂向前送环；

（3）当两腿后摆过环水平部位时，迅速制动腿，同时上体急振，两臂经体侧向内引环成支撑。

技术要点

（1）下摆时身体前伸，两臂后引，做大幅度下摆；

（2）到垂直部位时沉肩，让髋关节快速屈伸，使摆动速度加快，接着积极向后上方撩腿。

错误纠正

练习时易出现向内压环过早，出现掉落等问题。因此，应多加练习，注意体会动作要领。

保护与帮助

保护者站在练习者的侧面，当练习者后摆压环时，两手扶其大腿，帮助其完成动作。

吊
环

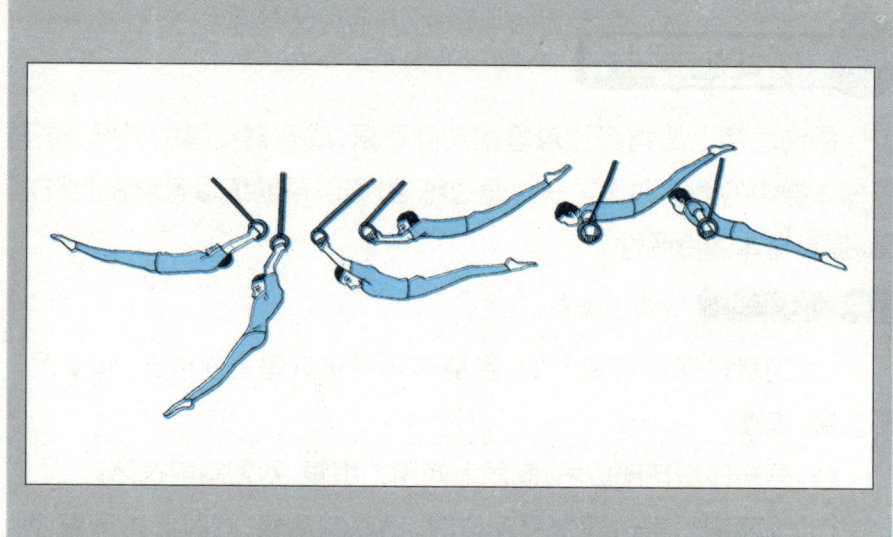

图 3—3—4

直角支撑屈体前倒成倒悬垂

此动作为低难度动作,在吊环系列动作中起着连接的作用。通过练习,可以增强练习者的上肢力量和对身体的控制能力。

 见图 3—3—5

(1)由直角支撑开始,肩前移,略提臀,接着屈臂,上体前倒,同时两肘夹紧身体,前臂外转翻环;

(2)逐渐伸直手臂,同时展开髋关节,抬头、挺胸,成直体倒悬垂。

技术要点

用力屈臂,含胸、提臀,上体前倒。

错误纠正

练习时易出现向前翻转速度过快,向下掉落等问题。因此,应在单杠上做屈体向前慢翻下练习,或是在保护者帮助下,在吊环上完成动作,注意体会动作要领。

保护与帮助

保护者站在练习的侧下方,当练习者向前翻下时,一手托其肩部,一手扶其背部,帮助其完成动作。

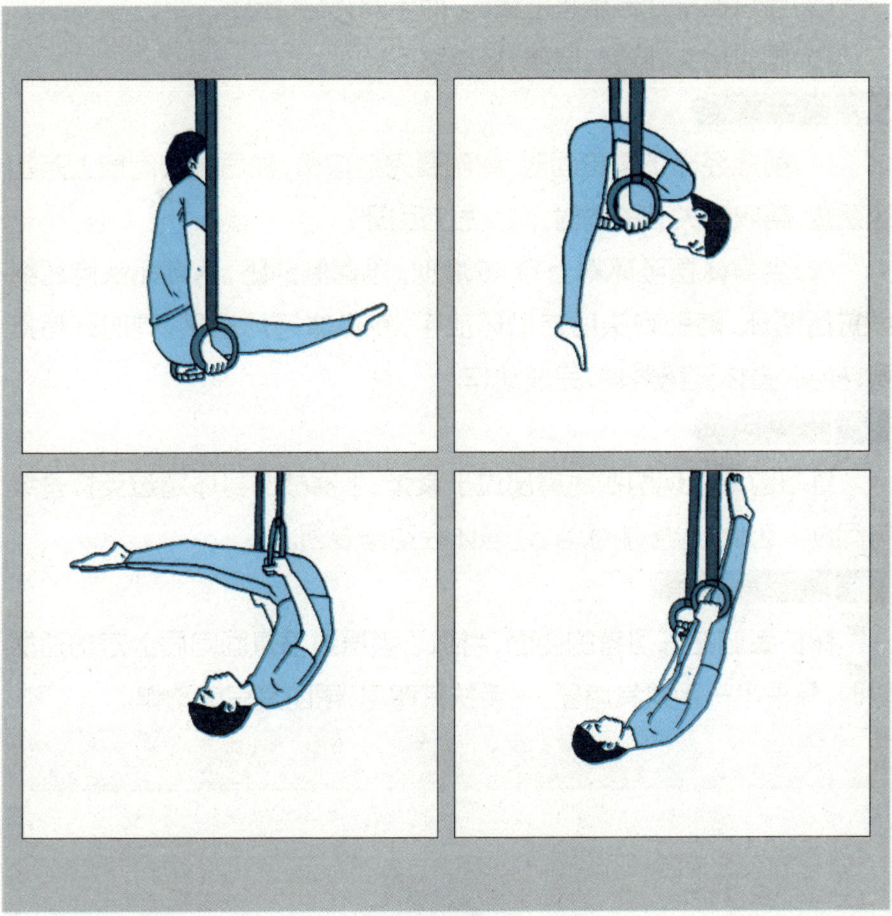

图 3-3-5

 **摆动直体后空翻下**

此动作是吊环下法动作之一,属于低难度动作。通过练习,可以起到提高练习者上下肢协调能力的作用。

动作方法 见图3-3-6

（1）由悬垂摆动开始，当后摆过环下垂面位置时，两腿用力向上方加速，向前上方摆腿；

（2）当后摆接近倒悬垂位置时，两手向外分、压环；

（3）同时抬头、挺胸、展髋，挺身跳下。

技术要点

（1）前摆经环下垂直面时，肩部要完全放松，然后猛力向前上方加速摆腿，略收髋关节的同时，向头后方引环；

（2）当身体摆至环斜上方45度时，迅速制动腿，两臂和头向后继续拉压两环，随即向头后方扔环放手，使身体与环水平，同时保持挺身、梗头、直体姿势落地，完成动作。

错误纠正

练习时易出现前摆时肩部过于紧张、下器械时身体超过支撑垂线等问题。因此，应多加练习，注意体会动作要领。

保护与帮助

保护者站在练习者的侧面，当练习者摆过垂直面向后上方加速摆腿时，保护者一手扶其肩部，一手扶其背部，帮助其完成动作。

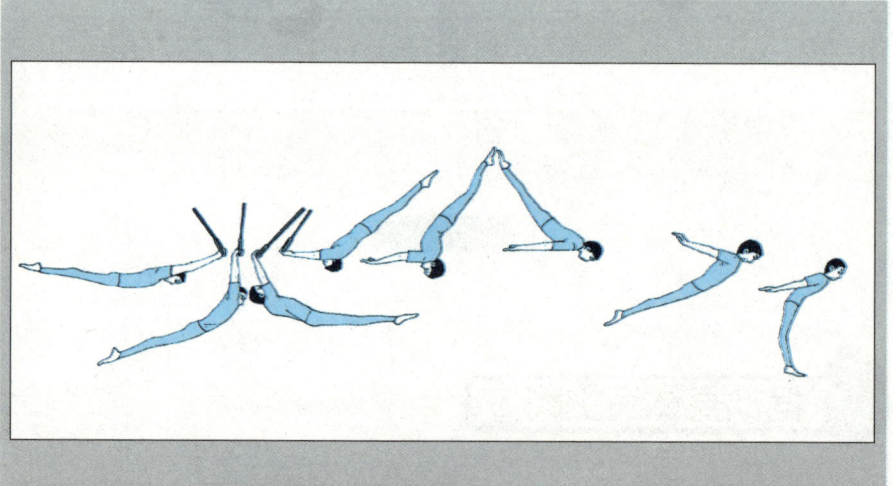

图3-3-6

器械体操

第四节

鞍马

鞍马属于器械体操项目的一种,同时也是男子竞技体操的项目之一。通过鞍马运动的学习,可以增强练习者的上肢力量,同时对培养练习者勇敢顽强的品质也起到很大的作用。另外,山羊属于鞍马的辅助练习器械,初学者需要借助山羊练习一些技术动作。鞍马的基本动作包括山羊全旋、爬马、交叉摆动、鞍马全旋和环上屈体前后穿插等。

山羊全旋是指在器械或是平地上,两臂通过重心转移,使身体旋转360度的动作。通过对山羊全旋的练习,可以起到增强练习者上肢力量和提高练习者身体协调能力的作用。

动作方法 见图3-4-1

(1)由站立开始,重心左移跳起,摆腿后两脚并拢,向后伸展,身体向右侧摆动,重心左移;

(2)当身体转过接近左侧45度时,左手推离山羊,身体外展,左手撑山羊;

(3)当身体接近右手支撑垂线时,右手迅速推离山羊,伸直髋关节,身体越过后,右手迅速撑山羊,两脚落地。

技术要点

(1)要有明显的重心移动;

(2)重心在两臂之间。

✿ 错误纠正

　　练习时易出现屈髋摆动、重心不在两臂之间等问题。因此,应在保护者帮助下,做支撑侧伸髋摆腿和移动重心练习,体会动作要领。

✿ 保护与帮助

　　保护者在练习者的侧面,当练习者过 3/4 时,两手扶其髋部向回带。

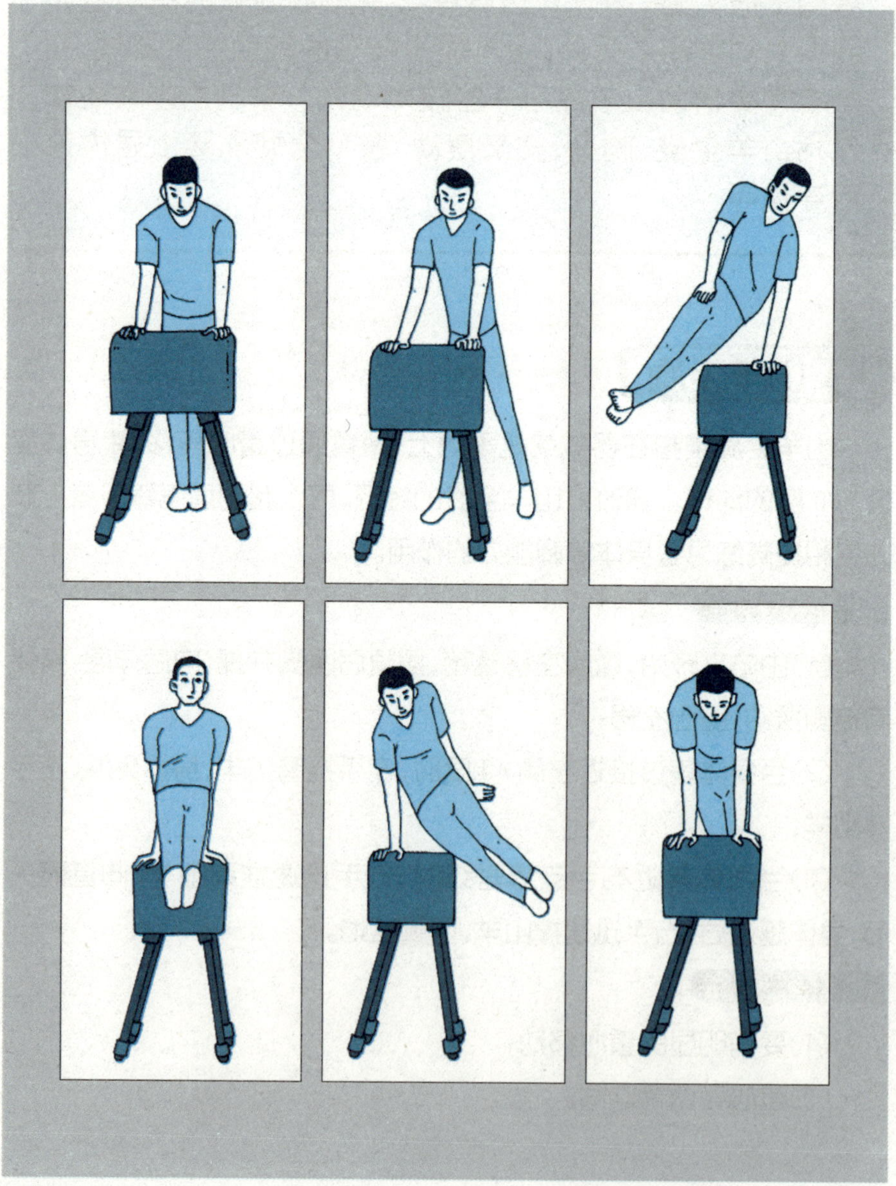

图 3-4-1

爬马是提高练习者身体素质的一种方法,指在器械上只利用两臂的力量,通过重心转移向前移动的动作。通过该动作的练习,可以增强练习者的上肢力量和对身体的控制能力。爬马包括爬鞍马和爬山羊等。

爬鞍马

爬鞍马作为一种身体素质训练的方法,对提高练习者的上肢力量起着很大的作用。

 见图 3-4-2

(1)由鞍马上支撑开始,右臂顶肩推手,重心向左移;

(2)左手向左侧移动,右手跟着直臂左移。

技术要点

（1）要有明显的重心移动；

（2）重心在两臂之间。

易犯错误

练习时易出现重心转移不明显等问题。因此，应在双杠上做直臂顶肩转移重心练习，体会动作要领。

保护与帮助

保护者站在练习者的后面，当练习者支撑不住下落时，两手扶其腰背部，防止其重心太过靠前或靠后。

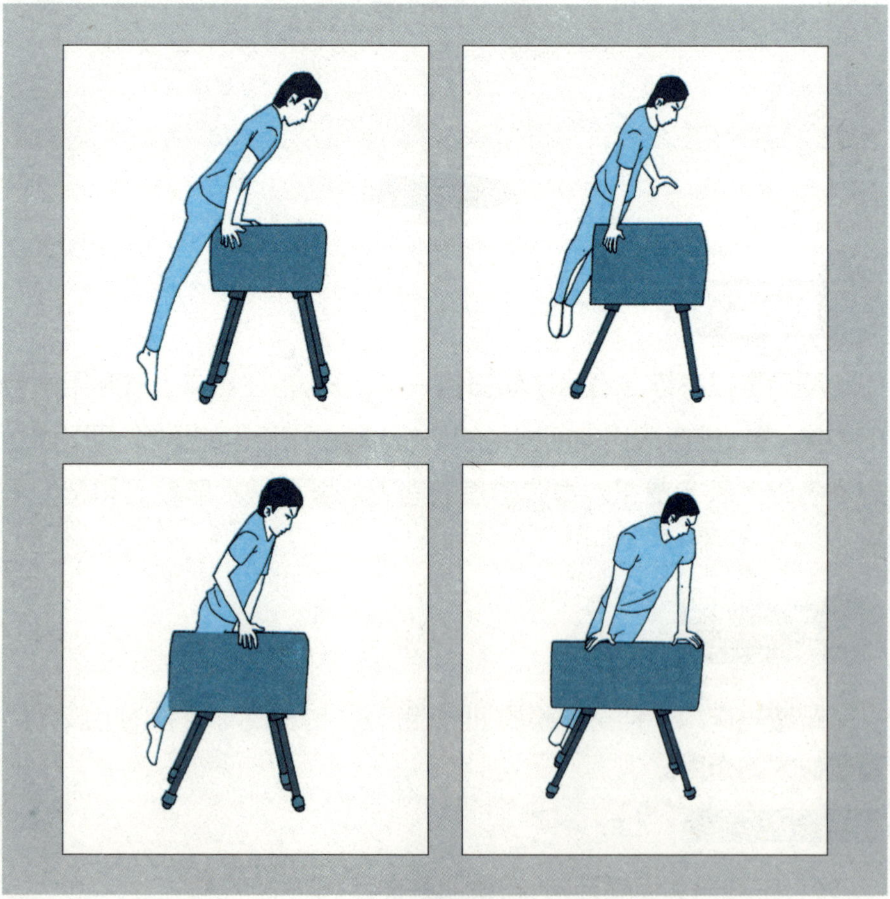

器械体操

图 3-4-2

 爬山羊

爬山羊与爬鞍马一样,都是身体素质训练的方法。

动作方法 见图3—4—3

（1）由山羊上支撑开始,右臂顶肩推手,重心向左移;

（2）左手向左侧移动,右手跟着直臂左移。

技术要点

（1）有明显的重心移动;

（2）重心在两臂之间。

易犯错误

练习时易出现重心转移不明显等问题。因此,应在双杠上做直臂顶肩转移重心练习,体会动作要领。

保护与帮助

保护者站在练习者的后面,当练习者支撑不住下落时,两手扶其腰背部,防止其重心太过靠前或靠后。

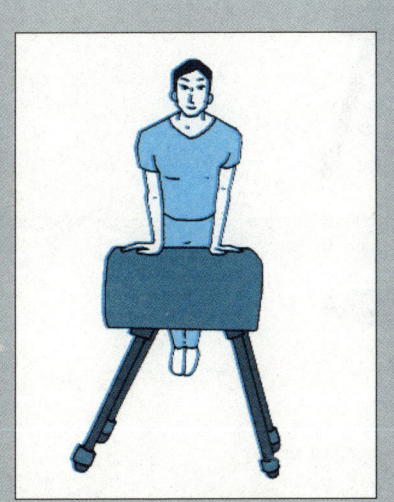

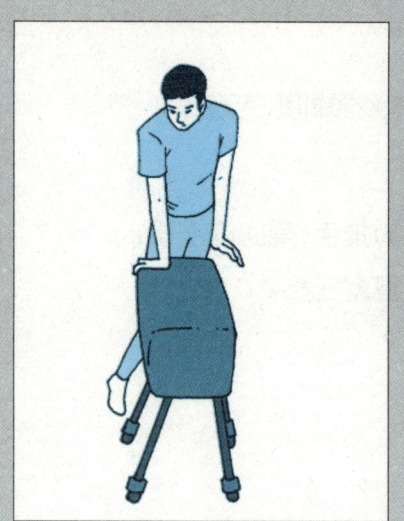

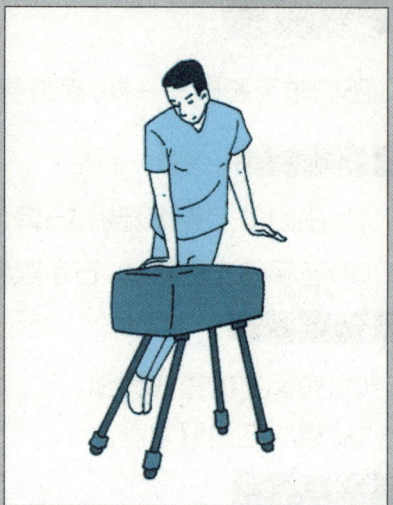

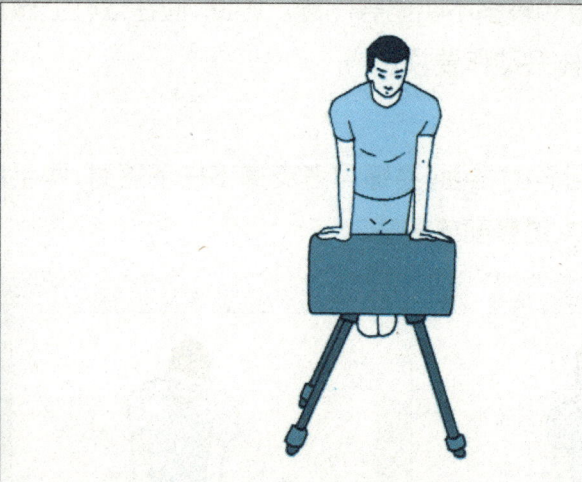

图 3-4-3

 交叉摆动 ◆◆◆◆◆◆◆◆◆◆◆◆

　　交叉摆动是鞍马的基本技术之一，指两腿在分开的状态下摆过器

械的动作。通过交叉摆动的练习，可以提高练习者的身体协调能力。交叉摆动包括正交叉摆动和反交叉摆动等。

 正交叉摆动（以右腿为例）

动作方法 见图3-4-4

（1）两手握环支撑开始，当挥摆至一定高度时，右腿连同髋部向左侧伸；

（2）当右腿摆至马背过垂直部位时，左手用力推离环，重心移至右臂；

（3）接着左腿用力向上踢起，同时髋部向上伸；

（4）两腿接近最高点时，做交叉摆越，同时髋侧伸，略挺腹，左手迅速撑环。

技术要点

（1）直臂顶肩摆动；

（2）有明显的重心转移；

（3）两腿分开距离要尽量大。

错误纠正

练习时易出现摆动幅度不够等问题。因此，应在鞍马上做摆动练习，体会动作要领。

保护与帮助

保护者站在练习者的后面，当练习者做交叉动作时，一手扶其大腿，一手托其髋部，帮助其完成动作。

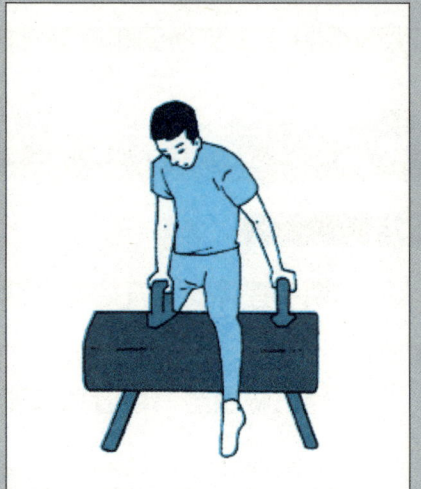
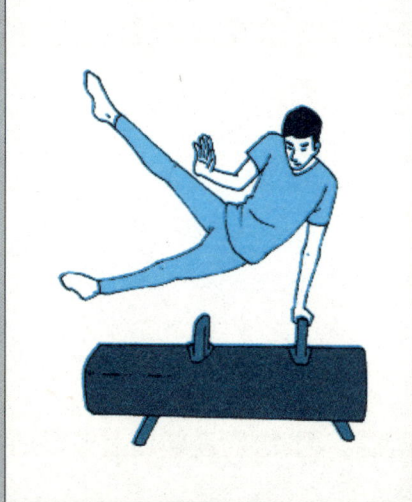

图 3-4-4

 反交叉摆动

动作方法 见图 3-4-5

（1）由右腿骑撑姿势开始，当左腿摆过垂直部位后，右腿快速向右

侧上方摆起；

（2）此时，左腿连同髋部向左侧伸，右手用力推离环，重心移至左臂；

（3）接着右腿用力向上踢起，同时髋部向上伸；

（4）当两腿接近最高点时，做交叉摆越，同时髋侧伸，略挺腹，右手迅速撑环。

✿ 技术要点

（1）有明显的重心转移；

（2）两腿摆过垂直部位后加速上摆。

✿ 错误纠正

练习时易出现摆动幅度不够等问题。因此，应在鞍马上做摆动练习，体会动作要领。

✿ 保护与帮助

保护者站在练习者的后面，当练习者做交叉动作时，一手扶其大腿，一手托其髋部，帮助其完成动作。

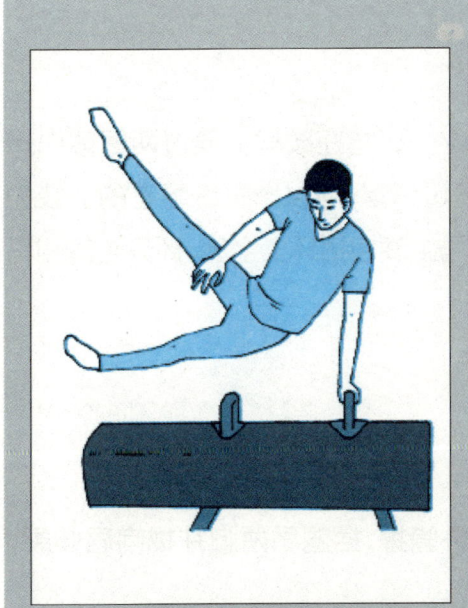

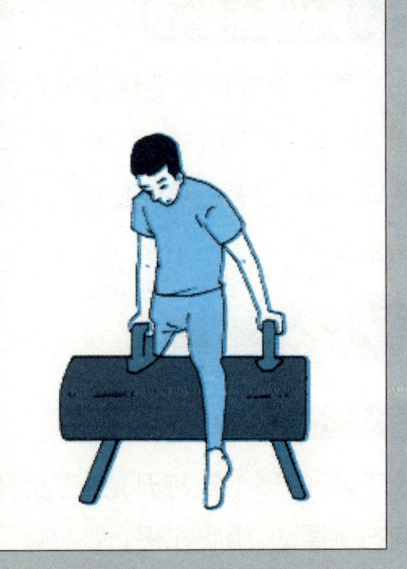

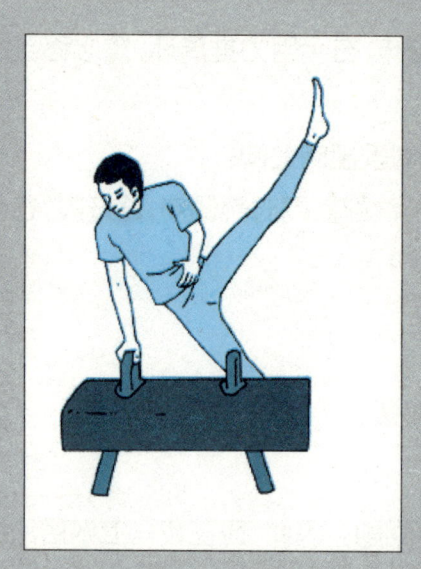

图 3-4-5

鞍马全旋是鞍马练习的动作之一，指在鞍马上通过两臂重心转移，使身体旋转 360 度的动作。通过练习，可以增强练习者的上肢力量，提高练习者的身体协调性。鞍马全旋包括环上全旋、环外全旋和马头全旋等。

环上全旋

 见图 3-4-6

（1）由环上支撑开始，左腿环外骑撑，摆腿后两脚并拢向后伸展，向右侧摆动，重心左移；

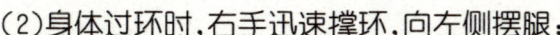

（2）身体过环时，右手迅速撑环，向左侧摆腿；

（3）身体再次过环时，迅速直臂顶肩撑环成环上支撑。

技术要点

顶肩摆动，换手迅速，重心移动明显。

错误纠正

练习时易出现塌肩、屈髋、重心移动不明显等问题。因此，应在保护者帮助下，做移动重心练习，体会动作要领。

保护与帮助

运用全旋辅助器进行保护。

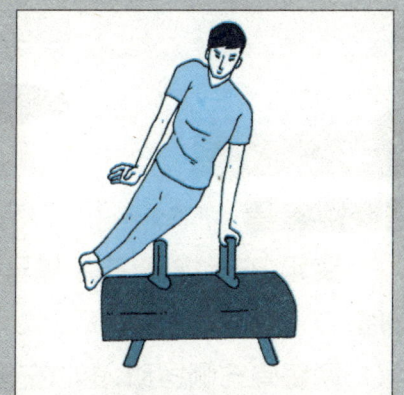
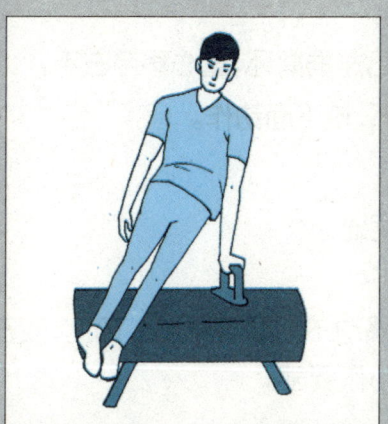
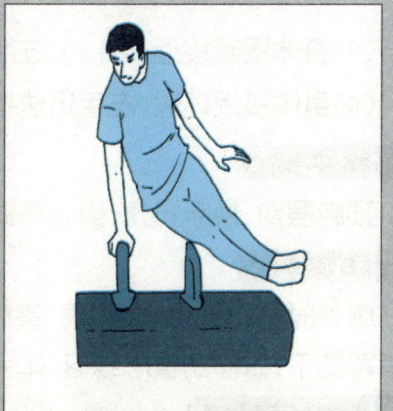

图 3—4—6

 环外全旋

动作方法　见图 3—4—7

（1）跳起，左手撑环，右手撑马头，顶肩、梗颈，左腿与右腿并拢向后伸展；

（2）两腿向右侧摆动，重心左移，当身体过马头时，右手迅速撑马头；

（3）身体摆越接近 3/4 时，左手迅速推离环，重心移至右手；

（4）身体接近环时，左手迅速撑环，接下面动作。

技术要点

顶肩摆动，换手迅速，重心移动明显。

错误纠正

练习时易出现塌肩、屈髋、重心移动不明显等问题。因此，应在保护者帮助下，做移动重心练习，体会动作要领。

保护与帮助

运用全旋辅助器进行保护。

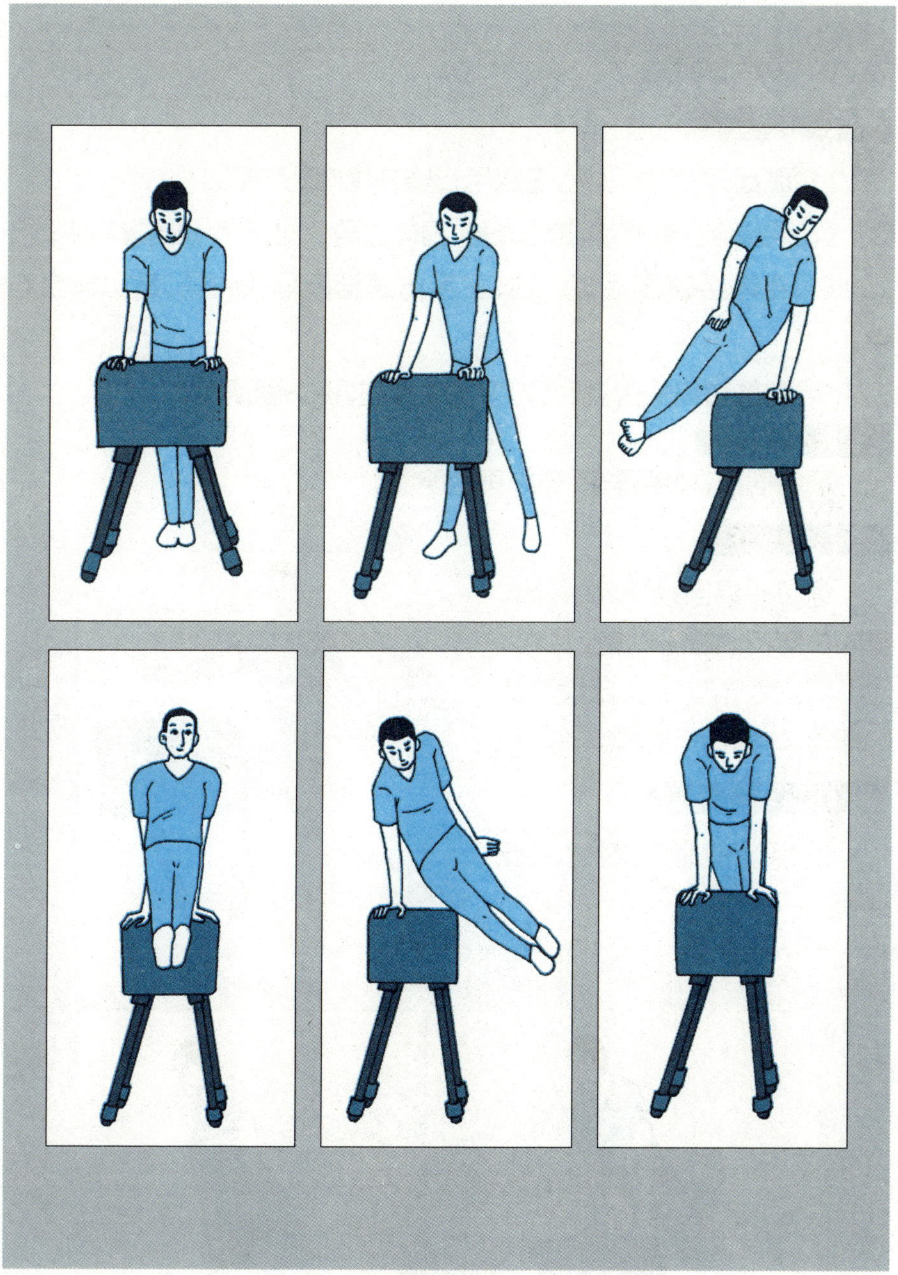

鞍
马

图 3-4-7

马头全旋

动作方法　见图 3—4—8

（1）跳起，两手撑马头，左腿与右腿并拢向后伸展；

（2）两腿向左侧摆动，重心右移，身体过马头时，左手迅速撑马头；

（3）身体摆越接近 3/4 时，左手迅速推离马头内侧，重心移至右手；

（4）身体过马头内侧时，右手迅速撑住，接下面动作。

技术要点

顶肩摆动，换手迅速，重心移动明显。

错误纠正

练习时易出现塌肩、屈髋、重心移动不明显等问题。因此，应在保护者帮助下，做移动重心练习，体会动作要领。

保护与帮助

运用全旋辅助器进行保护。

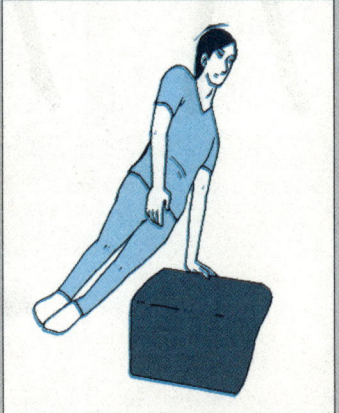

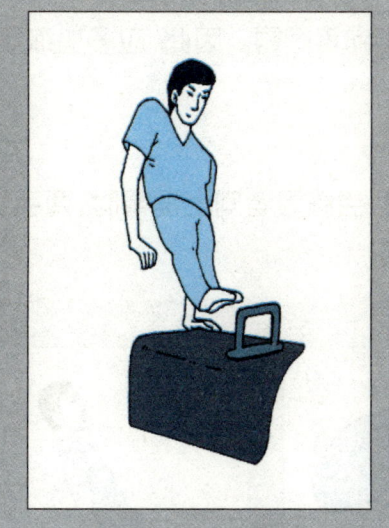

图 3-4-8

 环上屈体前后穿插

此动作是身体素质练习的方式之一,可以增强练习者腹肌和三角肌的肌肉力量,提高身体控制能力。

动作方法　见图 3-4-9

(1)由环上支撑开始,直臂顶肩,重心略前移;

(2)臀部上提,当脚尖过马背后,两脚经两环之间,向前伸至臀部触马背;

(3)直臂顶肩,重心上提,当脚尖过马背后,两脚经两环之间抽出,大腿前侧触马,成支撑。

技术要点

(1)重心上提,屈髋收腹,两脚从两环中间穿过,成直角支撑坐于马上;

(2)顶肩,臀部上提,两腿经两环中间抽出成支撑。

❋ 错误纠正

　　练习时易出现重心没有提起、塌肩等问题。因此，应多加练习，注意体会动作要领。

❋ 保护与帮助

　　保护者站在练习者的前后均可，当练习者向上提臀时，两手扶其肩部或腰背部，帮助其完成动作。

图 3-4-9

第五节
高低杠

　　高低杠是器械体操项目之一,同时也是女子竞技体操项目当中的一种。经常练习高低杠,不但可以帮助练习者增强上肢、腰腹以及肩部力量,对其身体协调性、灵活性的提高也有很大的帮助。同时,高低杠练习还能提高练习者的自信心,培养坚强的意志品质。高低杠基本动作包括单腿上摆成翻上(低杠)、低杠屈伸上、悬垂摆动(高杠)和支撑前翻下等。

单腿上摆成翻上(低杠)

　　单腿上摆成翻上是高低杠的基本动作之一,一般作为高低杠运动中的上法动作。经常练习此动作,可以增强练习者的上肢力量,提高练习者身体的协调性。

动作方法　见图3-5-1

　　(1)由站立悬垂姿势开始(以右脚蹬地为例),两手正握低单杠,与肩同宽;

　　(2)接着左腿经体前向后上方迅速摆起,右脚用力蹬地,同时屈臂引体倒肩,腹部靠杠;

　　(3)当左腿超过杠的水平面时,右腿迅速跟上并拢,继续向后上方摆动至小腹贴杠,两腿下落,随之抬头、挺胸、翻腕、伸髋,成直臂支撑。

技术要点

　　(1)摆腿蹬地要充分,屈臂用力拉杠,使身体重心迅速靠近单杠;

　　(2)支撑时两腿与单杠垂直面的夹角为45度以上,动作一定要连贯有序、挺身充分。

练习时易出现直臂摆腿、摆腿方向错误、屈臂引体与摆腿动作不协调等问题。因此,应在杠前做屈臂引体练习,注意向后上方屈髋摆腿,体会动作要领。

❋ 保护与帮助

保护者站在杠前侧方(左、右均可),当练习者摆腿时,一手抓其手腕,一手托其大腿;当练习者腹部靠杠后,换成一手托其肩部,一手托其腿部。

图 3-5-1

低杠屈伸上

低杠屈伸上属于高低杠的上法动作之一,是低难度动作。练习此动作,可以提高练习者身体的协调性和腹肌力量。低杠屈伸上包括长振屈伸上和短振屈伸上等。

❋ 动作方法　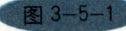见图 3-5-2

(1)由站立姿势开始,练习者位于杠后 30～40 厘米处,两手正握

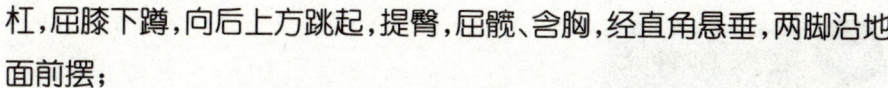

杠,屈膝下蹲,向后上方跳起,提臀,屈髋、含胸,经直角悬垂,两脚沿地面前摆;

(2)随着脚尖远伸,髋关节逐渐打开,拉开肩角,在前摆接近结束时,迅速举腿、屈髋、翻臀,使两脚靠近杠面成屈体悬垂姿势;

(3)待肩部后摆超过杠下垂直面后,两腿迅速沿杠向前上方伸髋至大腿根部,同时直臂压杠,紧跟上体,翻腕成支撑。

✿ 技术要点

(1)前摆至高远端时,迅速屈髋、收腿、翻臀,使脚面靠近杠面;

(2)后摆肩过杠垂直面后,两腿沿杠面伸髋,同时直臂压杠,转腕成支撑。

✿ 错误纠正

练习时易出现收腿慢、穿腿时机掌握不准等问题。因此,应在保护者帮助下,做沉肩跳起脚尖前伸举腿翻臀和屈体悬垂穿腿练习,体会动作要领。

✿ 保护与帮助

保护者站在练习者的侧前方,当练习者跳起向前摆动时,一手扶其肩部,一手扶其大腿;当举腿翻臀时,一手托其背部,另一手托其臀部,帮助其翻臀;当穿腿压杠时,一手扶其背部,一手托其大腿,帮助其完成动作。

图3-5-2

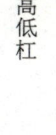

高低杠

短振屈伸上

短振屈伸上是高低杠（单杠）的上法动作或中间的连接动作，属于低难度动作。练习此动作，不但可以提高练习者的身体协调能力，而且有助于发展练习者的腹肌以及上肢的力量。

动作方法 见图3-5-3

(1)由杠上支撑开始，双手正握杠，略比肩宽；

(2)直臂后倒使肩绕最大弧线，同时收腹举腿向前摆动；

(3)当肩部回摆至杠下垂面后两腿迅速沿杠向下伸髋，直到大腿根部；

(4)直臂压杠转腕、抬头、挺胸成杠上支撑。

技术要点

(1)直臂后倒，迅速收腹、举腿、翻臀，使脚面靠近杠面；

(2)当肩过杠下垂直面后，两腿迅速沿杠面伸髋，直至大腿根部；

(3)直臂压杠，转腕、抬头、挺胸成杠上支撑。

错误纠正

练习时易出现屈臂落下、穿腿时机不正确等问题。因此，应在保护者帮助下，做直臂后倒屈髋收腿练习，体会动作要领。

保护与帮助

保护者站在练习者的侧面，一手握其手腕，当练习者后倒翻臀时，另一手扶其小腿；当其臀部至杠下垂线位置时，换成一手托其小腿，一手扶其背部，帮助其完成动作。

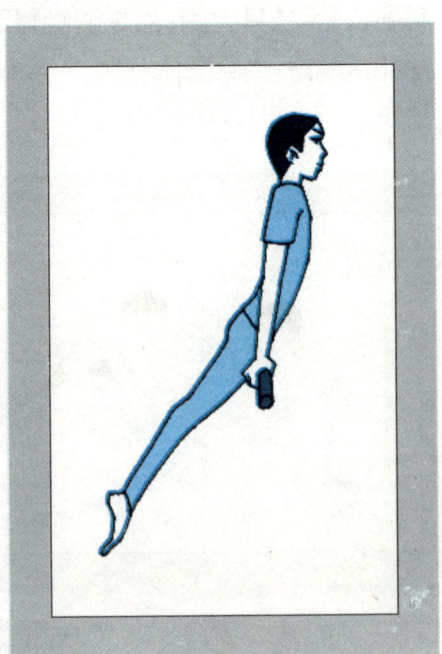

器械体操

图 3-5-3

悬垂摆动（高杠）

悬垂摆动是指身体某一部分挂在器械上，做前后钟摆式练习的动

作。练习此动作,可以增强练习者的上肢力量,提高其身体的协调能力。

动作方法 见图 3—5—4

(1)由悬垂起摆开始,身体后摆接近杠下垂直部位时,沉肩,略屈髋,过杠下垂直部位后,迅速向后摆腿;

(2)后摆接近极点时,两臂伸直压杠,向前转腕,伸直身体;

(3)前摆开始时,顶开肩角,脚向后伸,身体尽量伸直,当接近杠下垂直部位时,沉肩略屈髋;

(4)摆过垂直部位后,用力向前上方加速屈髋摆腿,并带动肩、髋,使整个身体向前上方摆到最高点。

技术要点

(1)前摆或后摆过垂直面之前,放松肩部,伸髋,把腿留在想摆动的反方向,为后阶段的发力做准备;

(2)前摆或后摆过垂直面之后,有一个用力加速摆腿或甩腿的过程;

(3)前摆或后摆至最高点时,前摆一定要扣腕,切勿转腕,后摆时一定要压杠,并向前转腕,尽量拉开上臂与上体之间的角度。

错误纠正

练习时易出现前摆时屈臂拉引、后摆时展髋等问题。因此,应先进行小幅度摆动练习,体会动作要领。

保护与帮助

保护者站在练习者侧面的保护台上,当练习者后摆时,向后上方托其腹部或大腿;前摆时,向前上方托其腰部,帮助其摆动。同时注意练习者的握点,在其脱手时及时出手保护。

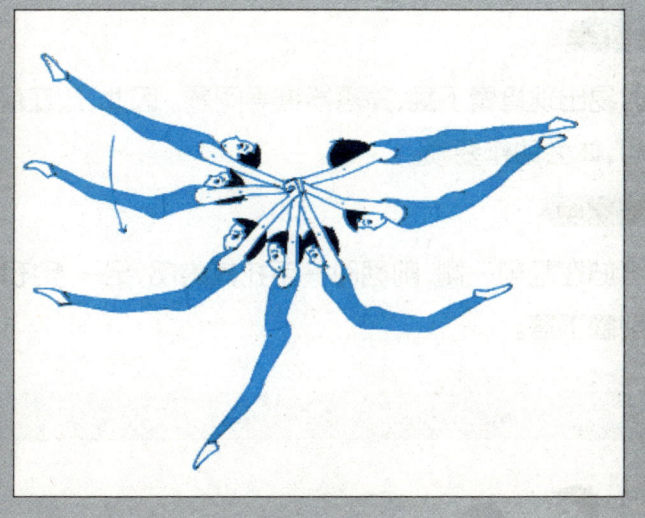

图 3—5—4

 支撑前翻下

支撑前翻下一般用于高低杠中的下法,是两手握杠,以腹部为轴向前翻转约半周的动作。经常练习,可以增强练习者的上肢力量,提高练习者身体协调能力。

动作方法　见图3-5-5

（1）由支撑开始，两臂略屈，上体前倒，低头、屈髋、扣腕，小腹贴紧杠；

（2）当上体前翻接近杠下垂直部位时，屈臂拉杠，臀部前翻，大腿沿杠缓慢下落，同时伸髋；

（3）当两腿在杠前落地后，推手挺胸，两臂伸直，成杠前站立姿势。

技术要点

（1）前倒时，腹部靠杠，扣腕；

（2）下翻时，两臂和腹部收紧用力，控制翻转速度；

（3）动作应连贯、舒缓，下落时两臂用力伸直，平稳落地。

错误纠正

练习时易出现直臂下翻、掉落器械等问题。因此，应在保护者帮助下多加练习，体会动作要领。

保护与帮助

保护者站在杠前一侧，前翻时一手托其肩部，另一手托其腰部，帮助其缓慢前翻下落。

图3-5-5

第六节

平衡木

平衡木是器械体操项目之一,同时也是女子竞技体操项目之一。练习者可以根据各自不同的技术水平,在平衡木上进行走、跑、跳、转体、波浪、平衡、倒立以及各种翻腾动作的练习。通过平衡木的练习,可以改善练习者平衡器官的功能,提高动作的准确性、稳定性以及培养练习者沉着、冷静、勇敢、果断的意志。平衡木的基本动作包括平衡、前滚翻、后滚翻和大跳等。

 平衡

平衡是指身体某部位支撑在地面或器械上,保持一定时间的静止姿势。练习此类动作,可以提高练习者的平衡能力。平衡包括燕式平衡和侧平衡等。

 燕式平衡

水平燕式平衡

动作方法 见图3-6-1

(1)由站立开始,上体前倾,一腿后举;

(2)抬头、挺胸,两手由上举变成侧平举;

(3)上体与腿部保持在一条直线上,成静止平衡状态。

技术要点

(1)平衡时,站立腿挺直,背肌及大腿肌肉保持紧张状态;

(2)随着上体前倒,重心逐渐后移,保持身体平衡。

❀ 错误纠正

练习时易出现摆动腿低于水平等问题。因此，应两手扶墙，一腿站立、一腿放于单杠或是其他器械上，做水平燕式平衡练习，体会动作要领。

❀ 保护与帮助

保护者站在练习者侧面，一手扶其肩部，一手托其后腿，帮助其保持平衡。

图 3-6-1

高于水平燕式平衡

❀ 动作方法 　见图 3-6-2

（1）由站立开始，上体前倾，一腿后举；

（2）抬头、挺胸，两手由上举变成侧平举；

（3）腿部略高于上体，保持在一条直线上，成静止平衡状态。

技术要点

(1)平衡时,站立腿挺直,背肌及大腿肌肉保持紧张状态;

(2)随着上体前倒,重心逐渐后移,保持身体平衡。

错误纠正

练习时易出现摆动腿低于水平等问题。因此,应两手扶墙,一腿站立、一腿放于单杠(高度应高于水平)上,做高于水平燕式平衡练习,体会动作要领。

保护与帮助

保护者站在练习者侧面,一手扶其肩部,一手托其后腿,保持其平衡。

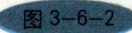

图 3-6-2

 侧平衡

水平侧平衡

动作方法 见图 3-6-3

（1）由站立开始，一腿向侧举起；

（2）大腿与上体保持 90 度，重心放于支撑腿上，两臂侧平举，保持平衡。

技术要点

（1）平衡时，站立腿挺直，腹外斜肌及大腿肌肉保持紧张状态；

（2）随着上体侧倒，重心逐渐后移，保持身体平衡。

错误纠正

练习时易出现摆动腿低于水平等问题。因此，应单手扶墙，一腿站立、一腿放于肋木上，做水平侧平衡练习，体会动作要领。

保护与帮助

保护者站在练习者侧后方，一手扶其肩部，一手托其后腿，保持其平衡。

图 3-6-3

高于水平侧平衡

动作方法 见图 3-6-4

（1）由站立开始，一腿向侧举起；

（2）大腿与上体角度小于 90 度，重心放于支撑腿上，两臂侧平举，保持平衡。

技术要点

（1）平衡时，站立腿挺直，腹外斜肌及大腿肌肉保持紧张状态；

（2）随着上体侧倒，重心逐渐后移，保持身体平衡。

错误纠正

练习时易出现摆动腿低于水平等问题。因此，应单手扶墙，一腿站立、一腿放于肋木（高度应高于水平）上，做高于水平侧平衡练习，体会动作要领。

保护与帮助

保护者站在练习者侧后方，一手扶其肩部，一手托其后腿，保持其平衡。

图 3-6-4

前滚翻是指颈、肩、腰、背、臀（或只有肩部）向前依次支撑器械或地面，并经过头部翻转的动作。练习平衡木上前滚翻，不但可以提高练习者身体的灵活性与协调性，对平衡能力的提高也有很大的帮助。

动作方法　见图3-6-5

（1）由平衡木上蹲撑开始，重心前移，两手指尖向外撑木；

（2）两脚同时蹬地，低头、含胸、弓背、提臀，后脑、颈、肩、腰、背、臀依次着木；

（3）前臀部着木瞬间，迅速跟肩、跟上体，两脚前后分开成蹲立。

技术要点

（1）手前伸撑木，重心略前移，低头、含胸；

（2）当肩部着木后，两手迅速下滑，至拇指在木侧、其余四手指在木下，两肘关节夹紧抱木；

（3）当臀部前滚接近支撑垂线时，顺势屈膝主动站木，起时两臂积极上带成蹲立。

错误纠正

练习时易出现团身不紧、身体重心不稳掉下器械等问题。因此，应在地上画一条直线，反复做团身滚动练习，体会动作要领。

保护与帮助

保护者站在练习的侧面，当练习者臀部前滚接近支撑垂线时，一手扶其腹部，一手托其背部，帮助其起立。

图 3-6-5

后滚翻

后滚翻是指臀、腰、背、肩、颈（或只有肩部）向后依次支撑器械或是地面，并经过头部翻转的动作。练习平衡木上后滚翻，不但可以提高练习者身体的灵活性和协调性，对其平衡能力的提高也有很大的帮助。

🏵 **动作方法** 见图 3-6-6

(1)由蹲撑开始,两手推木,重心后移;

(2)两手推木后迅速放于脑后,掌跟相对,肘部略里合;

(3)当臀部过肩部垂线时,两手用力推木,两脚前后开立成蹲撑。

🏵 **技术要点**

(1)重心后移,臀部后坐,两手在头后扶木;

(2)两肘夹紧,团身向后滚翻,当臀部过垂直部位时,两臂迅速用力推直,撑木成蹲立。

🏵 **错误纠正**

练习时易出现两手扶木后滚时肘外展、身体重心不稳掉下器械等问题。因此,应在地上画一条直线,反复做夹肘后滚翻练习,体会动作要领。

🏵 **保护与帮助**

保护者站在练习者侧后面,当练习者向后滚时,两手叉其腰部向上提拉,帮助其翻臀推手。

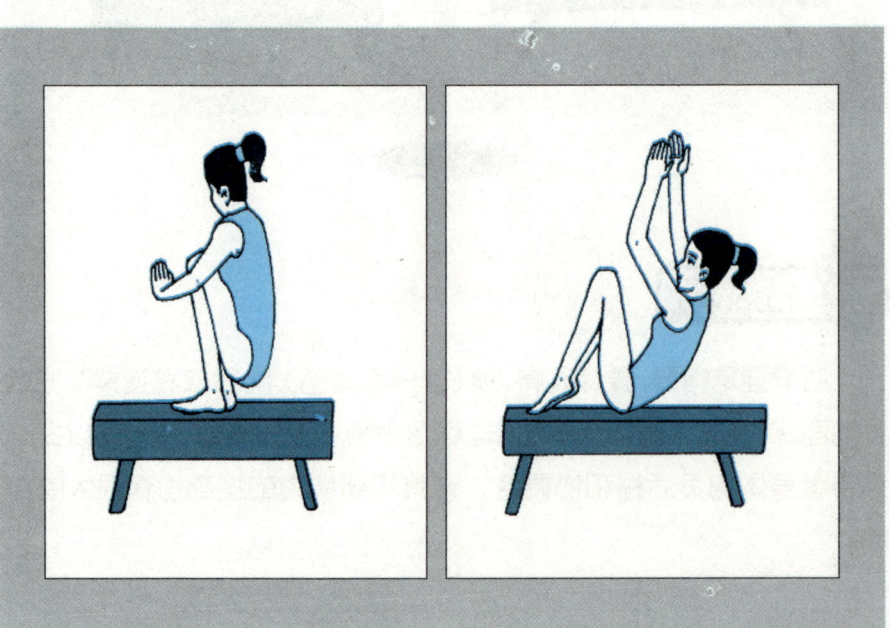

图 3-6-6

 **★跳**

◆◆◆◆◆◆◆◆◆◆◆◆◆

大跳是女子体操动作之一，指在跳起的状态下，上体与下肢结合起来做出不同的动作。练习此动作，可以提高练习者背部及大腿后侧韧带的伸展度，还可以提高其身体的灵活性。大跳包括结环跳和鹿劈叉跳等。

 **结环跳**

动作方法 见图 3-6-7

（1）右脚蹬木，左脚前摆小跳至半蹲，两臂后摆，两脚蹬木向上跳起；

（2）两腿后踢，小腿向上弯曲成后吸腿，两脚绷直，挺胸、挺髋、挑腰、抬头，尽量用两脚尖碰后脑，两臂经体前向上摆，在空中时两脚尽量和头接触成圆环，接着两脚落木，经半蹲站木。

技术要点

（1）抬头、挺胸，挺髋；

（2）脚尖尽量接触后脑，使身体成一圆形。

错误纠正

练习时易出现起跳后未形成背弓、起跳落地不稳掉下器械等问题。因此，应两手扶杆，反复做结环跳练习，体会动作要领。

保护与帮助

保护者站在练习者的侧面，两手扶其腰背部，帮助其起跳和下落。

器械体操

图 3—6—7

鹿劈叉跳

动作方法 见图 3—6—8

(1)右脚向前一步蹬木,向上跳起,同时左脚前屈,向前上方跨出;

(2)右腿随即向后摆起,腾空时左腿迅速伸直,两腿前后大分腿;

(3)左脚落木略屈膝,右腿后举,两臂侧举或右臂前上举、左臂侧举。

技术要点

(1)摆动腿由弯曲到伸直,屈膝时膝关节角度应小于 90 度;

(2)两腿前后劈叉达 180 度,在空中最高点完成鹿劈叉跳。

错误纠正

　　练习时易出现两腿分开角度低于180度、起跳落地不稳掉下器械等问题。因此，应两手扶杆，做鹿劈叉跳练习，体会动作要领。

保护与帮助

　　保护者站在练习者的侧面，两手扶其腰背部，帮助其起跳和下落。

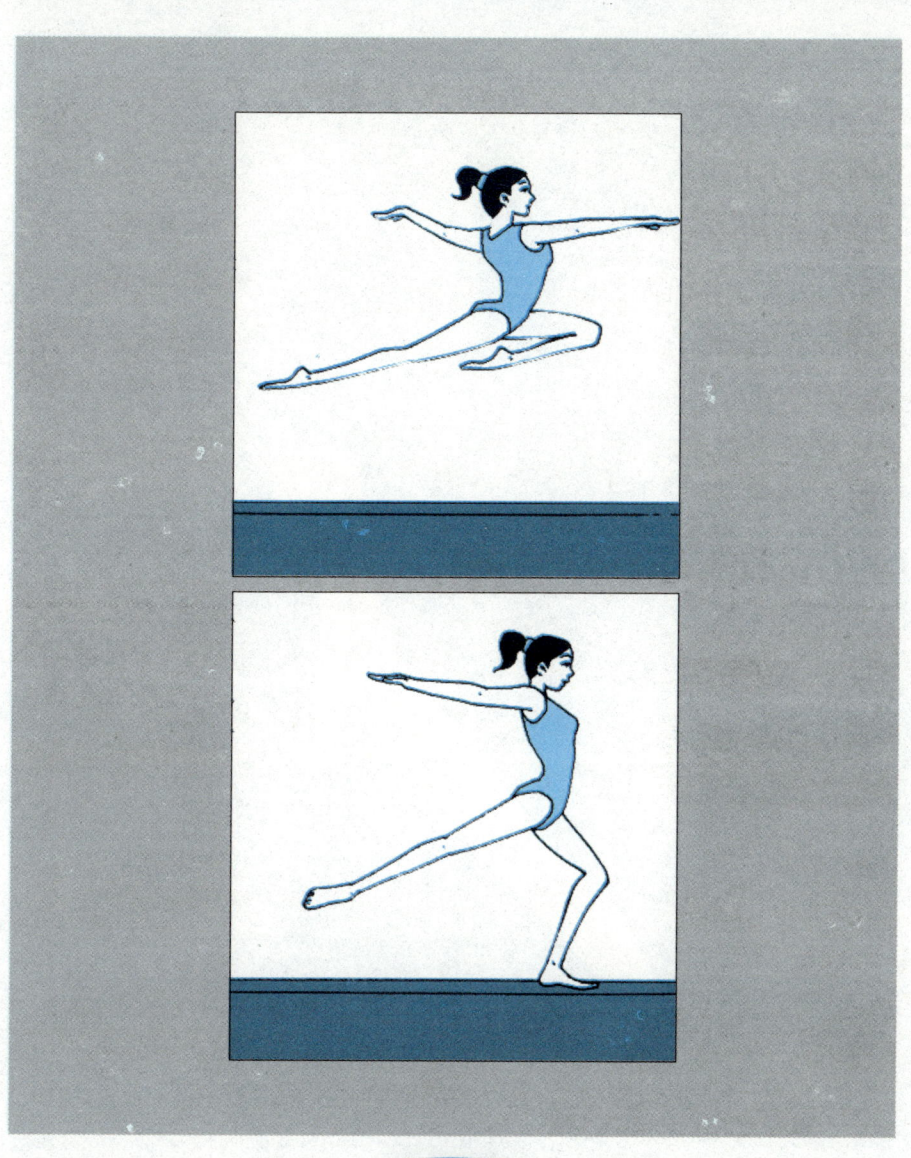

图 3-6-8

第四章 基本规则

　　制定各项运动的比赛规则,有助于全民健身运动的深入开展。比赛参与者应该了解运动规则的基本知识,以使自己在比赛过程中游刃有余地发挥技术水平。比赛观赏者也只有在了解了基本规则的前提下,才能够充分体验观赏比赛的乐趣。

第一节

比赛方法

选手要按照一定的方法进行比赛,并遵循一定的规则,以使比赛有序进行。

 比赛项目

男子项目

男子项目设有双杠、单杠、吊环、鞍马等。

女子项目

女子项目设有高低杠、平衡木等。

 比赛种类

团体和个人资格赛

在每个项目的比赛中,每队派出 5 名队员上场,取 4 个最好成绩相加作为该项目成绩,各项目成绩相加作为团体成绩。

个人全能决赛

在团体和个人资格赛中获全能成绩前 24 名的选手参加比赛。以全能决赛成绩决定全能名次。

单项决赛

在团体和个人资格赛中获各单项成绩前 8 名的选手参加单项决赛。以各单项决赛的成绩决定单项冠军。

团体决赛

在团体和个人资格赛中获团体成绩前 8 名的队伍参加比赛。在每个项目上,每队派 3 名选手比赛,即:比赛采用 6-3-3 制,每个项目的 3 个分数都记入团体成绩。以团体决赛的成绩决定团体冠军。

项目特点和要求

双杠

现代双杠动作主要由摆动动作和飞行动作组成,并通过支撑和悬垂动作的变化来反映选手在该项目上的能力。该项目具有以下特点和要求:

(1)选手做双杠上法动作或动作开始前的助跑,必须从双腿并拢站立姿势开始。

(2)选手单手或双手一接触杠子,则表示动作开始,双脚离地即开始评分。

(3)做上法动作时摆动一条腿、迈一步是不允许的,即双脚必须同时离地。

(4)做上法动作时,允许在常规落地垫上放置踏跳板。

单杠

一套现代单杠动作是选手运用各种握法,流畅地完成半径长短不同的摆动、转体和飞行的动作。该项目具有以下特点和要求:

(1)选手必须从双腿并拢静立或加助跑开始,跳起抓杠或由别人帮助上杠。

(2)上杠后身体无论静止还是悬垂摆动,都要保持良好的姿态。

(3)评分从选手离开地面开始。

吊环

一套吊环动作应由比例大致相等的摆动、力量和静止部分组成。

这些动作之间的连接是通过悬垂、经过或成支撑,经过或成手倒立来完成的,以直臂完成动作为主。该项目具有以下特点和要求:

（1）评分从选手脚离地做第一个动作开始。

（2）选手可从静止站立跳起开始比赛,或在教练员的帮助下成双手握环悬垂双腿并拢的良好静止姿势开始比赛。

（3）不允许教练员帮助选手起摆。

（4）不允许环带摆动和交叉。

🔆 鞍马

现代鞍马成套动作主要是利用鞍马的所有规定部位,用不同的支撑姿势完成不同的全旋摆动动作（分腿或并腿）、单腿摆动和（或）交叉。该项目具有以下特点和要求:

（1）选手必须从站立姿势开始,允许做第一个动作时走上一步或跳起撑鞍马。

（2）动作评分从选手的手撑鞍马开始。

（3）所有动作必须用摆动完成,不能有丝毫的停顿,不允许有力量动作或静止动作。

🔆 高低杠

该项目具有以下特点和要求:

（1）如果选手在上法助跑中出错、未接触踏板、器械,或未跑到器械下面,允许第二次助跑。

（2）评分从选手在踏板或垫子起跳开始。

（3）选手掉下器械到重新上器械继续做动作前,允许有 30 秒间断。

（4）如果选手未能在 30 秒时限内重新上器械,则判定成套动作终止。

🔆 平衡木

该项目具有以下特点和要求:

（1）一套平衡木动作的时间不能超过 1 分 30 秒。计时从选手踏板起跳或垫子起跳开始,当选手结束平衡木成套动作接触垫子时停表。

（2）选手从器械上掉下，成套动作被中断，允许有 10 秒的间断时间，间断时间不计算在成套动作的总时间内。如果选手未能在 10 秒时限内重新上平衡木，则成套动作终止。

基本动作解释 ◆◆◆◆◆◆◆◆◆

支撑

支撑是指人体肩轴高于器械轴并对握点产生压力的一种静止动作，分单纯支撑（只用手支撑器械）和混合支撑（手和身体的一部分同时支撑器械）。

水平支撑

水平支撑是指身体成水平姿势的支撑或静用力动作，对力量素质要求较高。

手倒立

手倒立是指用手掌撑地，头部朝下，两臂和两腿均伸直的人体倒置动作。按动作完成的姿态分为屈臂屈体、屈臂直体、直臂直体、直臂屈体及双手倒立、单手倒立等。

手翻

手翻是指用手支撑于地面或器械上，人体经倒立，然后在手推撑的同时翻转的动作。按翻转的方向，分向前、向后、向侧手翻三种。

悬垂

悬垂是指人体肩轴低于器械轴并对握点产生拉力的一种静止动作。只用手悬垂于器械的，称为"纯悬垂"，如单杠上的悬垂。手和身体的一部分同时悬垂于器械或接触地面的，称为"混合悬垂"，如单挂膝悬垂。

旋翻

旋翻是指人体在腾空后沿横轴翻转两周的同时，绕纵轴转体的复

合空翻动作。按翻转方向，可分为前旋、后旋；按人体姿势，可分为团身旋、屈体旋、直体旋；按转体的周数，可分为两周旋、三周旋等。

滚翻

滚翻是指躯干依次接触地面或器械、也经过头部的翻转动作。分为前滚翻（动作方向向前）和后滚翻（动作方向向后）。

摆动动作

摆动动作是指通过肌肉用力，改变人体各部分的相对位置，进行人体各部分运动速度的调配和组合，使人体产生变速移动的一种动作。按人体各部分运动速度调配的特点，可分为大摆、屈伸和回环等多种动作。

腾越

腾越是指整个人体腾起后从器械上空越过的一类动作。按人体运动的方向，分为正腾越、背腾越、侧腾越三种；按腾起后人体的姿势，又分为腿腾越、屈体腾越和挺身腾越等。做此类动作时，人体腾起较高，飞行时间较长，具有惊险性。

静止动作

静止动作是指通过肌肉的协调用力，维持身体的平衡与稳定，按规定要求在空间停止一定时间来完成的静止姿势，如各种悬垂、支撑和倒立动作。在动作完成过程中，就肌肉工作特点而言，属于等长收缩；就呼吸特点而言，有腹式和胸式两种呼吸形式。

第二节
裁判方法

在比赛过程中，裁判人员通过履行其职责，进行正确的裁判工作，来保证比赛的公平、公正。

裁判人员

在各器械体操比赛项目中,均设有 A、B 两个裁判组进行评分。A 组裁判负责记录评判难度、特殊要求和加分情况。B 组裁判负责从技术、姿态及优美性来评定动作的完成情况。

评分方法

"A"分

A 组裁判根据选手一套动作的内容确定"A"分。"A"分的评判方法为:

(1)取选手成套动作的下法加上最好的 9 个动作共 10 个动作,计算其难度价值。

(2)男子最高难度动作为 F 组,女子最高难度动作为 G 组。A 组、B 组、C 组、D 组、E 组、F 组和 G 组的动作分值分别为 0.1、0.2、0.3、0.4、0.5、0.6、0.7。

(3)在所计算的 10 个动作的难度价值中,每完成一个动作结构组要求,A 组裁判将给予 0.5 的加分。

"B"分

B 组裁判根据成套动作的艺术性及完成错误、技术和编排错误,以 10 分为起评分,以 0.1 分为单位进行扣分,确定"B"分。"B"分的评判方法为:

(1)当动作完成发生艺术性和技术性偏差时,要进行扣分,小错扣 0.1 分,中错扣 0.3 分,大错扣 0.5 分,掉下扣 0.8 分。

(2)把艺术扣分、完成错误扣分与技术、编排错误扣分进行汇总,并从 10 分中扣除,所得分数为最后的"B"分。

最后得分

　　"A"分和最后的"B"分相加，则为一套动作的最后得分。

基本规则
‥‥‥‥‥